명품인생을
창조하는
목표관리와
자아실현

명품인생을
창조하는
목표관리와 자아실현

유성은 지음

중앙경제평론사

머리말

누구나 성공과 행복을 바란다. 그런데 바라는 바를 얻지 못하는 이유는 어디에 있을까. 그 중요한 이유는 목표가 없거나 잘못된 목표를 세우기 때문이다. 성공의 가장 기본 원리는 자신의 올바른 목표를 세우는 것이다.

사람은 누구나 무의식적으로 무엇을 추구하며 살아간다. 사람은 앞을 보고 살아가도록 창조되었다. 미래의 방향을 정해 주는 것은 각자가 품는 '꿈'이다. 그리고 그 꿈에 도달하게 하는 단계가 '목표'이다.

분명한 꿈과 목표를 품으면 희망과 의욕이 생기고 모든 자원을 활용하여 자신이 원하는 바를 이루게 된다. 그런데 꿈과 목표가 희미하면 앞으로 갈 방향을 잃어버리고 자신의 귀중한 시간과 재능과 노력을 분산시켜 버려서 아무것도 이루지 못한다.

나는 다년간 사람들에게 목표관리를 지도했었고, 이 분야에 관련된 책도 3권 출간한 바 있다. 그런데 다시금 목표관리에 대해 말해주어야 할 필요를 강력하게 느껴서 이 책을 쓰게 되었다.

이 책은 독자들로 하여금 어떻게 올바른 목표를 세우고 그것을 끝까지 달성해 나가며, 충실한 삶을 영위할 수 있는가에 대한 답을 찾아주고 실행에 옮길 수 있도록 안내해 줄 것이다.

이 책은 총 3개의 PART로 구성되어 있다.

〈PART 1〉에서는 목표가 무엇이며 어떻게 그것을 효과적으로 설정할 수 있는가에 대해서 자세히 설명한다. 목표가 무엇인가를 정확히 알기만 해도 새로운 변화가 일어난다. 목표는 인생의 모든 과정에서 각자의 주요 관심이 무엇인가를 잘 보여 주는 표시이다. 목표를 달성해 나감으로써 꿈이 점점 실현되는 것이다. 그런데 많은 사람들은 꿈의 실현을 위해서 목표를 잘 이용하지 못한다.

올바른 목표를 설정하는 것이 목표를 달성하는 것보다 중요하다. 많은 사람들이 목표를 가지고 있지 않으며, 혹시 가지고 있다 할지라도 대개 가치가 없는 것들뿐이다. 그래서 진정 가치가 있는 목표를 어떻게 설정해야 하는지를 독자들에게 자세히 설명한다. 누구나 자신에게 적합한 현실적인 목표를 설정할 수 있다면 과거와는 전혀 다른 인생을 살아갈 수 있다. 목표는 삶을 변화시키는 가장 강력한 도구이기 때문이다.

〈PART 2〉에서는 목표를 어떻게 효율적이고 효과적으로 달성할 수 있는지 그 방법을 구체적으로 설명한다. 목표에 도달하는 과정 역시 중요하다. 거대한 꿈과 분명한 목표가 있어도 그것을 달성하지 못하면 하나의 헛된 꿈에 지나지 않는 것이다. 그런데 아무리 접근하기 어렵게 보이는 목표라도 거기에 도달하는 방법을 찾게 되면 순조롭게 목표에 다가갈 수 있다.

〈PART 3〉에서는 목표관리를 삶 전체에 적용시켜 인생 전체에 상승효과를 거둘 수 있도록 여러 가지 바람직한 태도와 방법에 대해서 설명한다. 목표가 비전으로 가는 궤도에 오르게 하고 그 목표를 잘 관리함으로써 승승장구하는 삶의 방법을 제시한다. 목표관리가 생활화되고 체질화된다면 앞으로의 삶은 더욱더 풍성해질 것이다.

이 책을 쓸 때 이론과 실제가 조화를 이루도록 노력했으며, 이해를 돕기 위해서 여러 예화와 실례들을 삽입하였다. 그리고 학습효과를 높이기 위해 실습자료도 첨가하였다.

  이 책은 한 번 읽고 마는 것이 아니라 주기적으로 정독할 필요가 있다. 읽고 또 읽어서 내용을 분명히 익혀야 실질적인 효과를 거둘 수 있다.

  이 책은 아직 이렇다할 성공을 이루지 못한 사람에게는 성공을 향한 지침을 새롭게 제공해 주고, 상당히 성공한 사람에게는 목표관리의 새로운 아이디어와 전략, 그리고 기술을 제시해 주어 삶을 혁신하도록 도와 줄 것이다.

  또한 이 책은 개인의 자기계발뿐만 아니라 단체의 연수교재로도 유용하게 사용할 수 있다. 특히 미래를 주도할 각 분야의 리더나 예비 리더에게는 필독의 도서가 될 줄로 믿는다.

  이 책을 출판하기 위해서 노력을 아끼지 아니한 중앙경제평론사 김용주 대표님과 박기현 팀장님께 깊은 감사를 드린다.

수영리 서재에서
유성은

차례

PART 1

목표가 있어야 인생이 달라진다

1. 목표지향적 삶을 살아라 — 12
2. 목표의 방향을 바르게 잡아라 — 22
3. 목표의 위력을 실감하라 — 31
4. 분명한 목표를 발견하라 — 42
5. 정확한 현실감각이 필요하다 — 56
6. 욕구를 구체화하라 — 71
7. 예측을 합리적으로 하라 — 83
8. 장기목표와 단기목표 세우기 — 95
9. 일상목표, 문제해결 목표, 창의혁신 목표, 자기계발 목표 세우기 — 105
10. 목표를 적절하게 조정하라 — 121
11. 다가오는 미래를 준비하라 — 132

PART 2

목표를 성공적으로 이루어라

1. 믿음을 키워라 — 142
2. 목표를 명확히 하라 — 152
3. 전략을 지혜롭게 세워라 — 162
4. 구체적인 계획을 세워라 — 177

5. 시간을 전략적으로 사용하라	188
6. 바로 행동으로 옮겨라	196
7. 정기적으로 평가하라	208
8. 적절하게 도움을 얻어라	220
9. 장애물을 다스려라	229
10. 열정과 일관성을 유지하라	239
11. 목표강박증에서 벗어나라	249

탁월한 목표가 이끄는 삶은 행복하다

PART 3

1. 비전을 추구하는 삶	260
2. 리더십과 목표관리	272
3. 일년의 효과적 목표관리	280
4. 일상에서의 효과적 목표관리	290
5. 변화를 다스려라	300
6. 삶을 단순하게 하라	308
7. 자신에게 적합한 목표관리체계를 만들라	315
8. 멘토를 찾아라	329
9. 기쁘게 인생을 운영하라	337

PART 1

목표가 있어야 인생이 달라진다

1. 목표지향적 삶을 살아라

많은 사람들이 성공적인 삶을 살기를 원한다. 성공적인 삶이란, 가치 있는 목표를 설정하고 그것을 추구하며 달성하는 삶이다. 한 가지 목표를 달성하면 다른 목표를 추구한다. 그것을 달성하면 또 다른 목표를 추구한다. 이런 패턴의 목표지향적인 삶이 가장 효과적인 삶이다.

● 운동경기와 인생

인생을 흔히 운동경기에 비유한다.

인생은 마라톤 경기와 같다고 말한다. 마라톤 경주에 우승을 하려면 힘을 잘 안배해야 하고 끝까지 인내해야 한다. 그리고 도중에 포기하는 일이 없어야 한다. 인생도 역시 어떤 일이 있더라도 자신을 잘 다스려서 결승점에 도달해야 한다.

인생은 축구와 같다고 말한다. 축구에는 전반전과 후반전이 있는데 전반전에는 득점을 많이 해야 후반전에 어느 정도 안심된다. 마찬가지로 인생에도 전반전과 후반전이 있는데 전반기인 젊을 때 많은 성취를 해야 후반기인 노년을 편안히 보낼 수 있다.

또 인생은 골프와 같다고 말하기도 한다. 골프의 매력에 빠지면 시간 가는 줄 모른다. 그라운드 안에서 많이 걸어도 피곤하지 않다. 인생을 살아갈 때도 이렇게 매력적인 일들이 많아야 한다.

어떤 사람이 골프의 매력을 이렇게 표현했다.

"골프의 매력은 우선 자신이 심판을 보면서 정정당당하게 룰을 지키는 묘미가 있다. 다음으로는 다른 스포츠는 상대편이나 적이 있는데 골프는 동반자가 있을 뿐이다. 셋째는 자연을 마음대로 즐길 수 있다는 것이다. 넷째는 끝없이 도전할 수 있다는 것이고, 마지막으로는 집중을 안 하면 금방 무너질 수 있다는 것이다."

인생을 살아감에 있어서도 골프에서와 같이 인생 규칙을 지켜야 하고, 상생할 수 있는 길을 찾으며, 친자연적으로 살고, 더 나은 삶을 위해 도전하며, 매사에 조심해야 하는 것이다.

그런데 마라톤이나 축구나 골프를 할 때 가장 관심을 갖는 것은 '목표'이다. 선수들의 마음속에 목표가 떠나지 않는다. 마라톤 경기에서 선수들은 목표지점을 향하여 힘껏 뛰고, 축구 선수들은 골 한 개라도 더 넣기 위해서 최선의 방법을 다해서 뛰고, 골프 선수 또한 득점을 위해서 용의주도하게 방향과 속도를 조정한다.

 이 모든 운동경기의 공통점은 목표지향적이라는 점이다. 이런 운동경기들의 목표는 명확하다. 그래서 누구나 알 수 있고 볼 수 있다. 이런 경기들과 인생이 다른 점이 있다면 우리 인생은 목표가 미리 정해져 있지 않다는 점이다. 자기 스스로 목표를 찾아야 하고 세워야만 한다.

만약 자신의 목표가 무엇인지도 모르고 찾지도 않는다면 잘못된 길에서 이리저리 방황하게 되지만, 자신에게 가장 올바르고 알맞은 목표를 찾는다면 이미 성공으로 향하는 길에 들어선 것이다. 하지만 더 나은 인생 목표를 정하기 위해서는 많은 노력과 연습이 필요하다.

성공하는 인생과 실패하는 인생

성공하는 인생과 실패하는 인생의 차이점은 무엇인가? 가장 중요한 차이점은 '목표의 유무'와 '목표의 질'에 달려 있다. 고대 그리스의 철학자 아리스토텔레스도 이 점을 강조했다.

"성공에 도달하는 방법은 우선 구체적이고 분명하며 실제적인 이상 즉 목표를 세우는 일이고, 둘째는 그 목표를 달성하기 위해 필요한 수단 즉 지혜, 돈, 자료, 방법을 갖추는 일이며, 셋째로는 당신의 모든 수단을 목표에 맞추는 일이다."

미국의 한 통계조사에 의하면 전체의 27%의 사람은 미래에 대해서 전혀 생각을 하지 않는다고 한다. 60%의 사람은 미래에 대해서 약간의 생각을 하고, 10%의 사람은 좀 구체적으로 생각을 하고, 3%의 사람은 구체적인 목표를 가지고 있으며 그것을 기록한다고 한다.

이 통계조사를 보면 정말 이상하게도 사람들의 생활형편도 목표 설정능력과 정확히 일치하고 있다. 27%의 사람은 생계 보조를 받아 살아가고 있으며, 60%의 사람은 겨우 생계를 꾸려나가고 있다. 10%는 부유하게 살고 있으며, 3%는 아주 부유하게 산다.

이 통계는 목표를 세우지 않고 사는 사람은 빈곤에서 벗어날 수 없게 되고, 목표를 구체적으로 세우고 사는 사람은 매우 부유하게 산다는 것을 보여주고 있다.

이러한 수치는 미국만이 아니라 모든 나라 사람에게 적용되는 보편적인 통계이다. 즉, 약 3%의 사람들만이 명확한 목표를 지니고 살고 있다고 할 수 있다. 만일 나에게 분명한 목표가 없다면 나 자신도 평범한 97%에 속할 수밖에 없는 것이다.

실패하는 사람은 목표 설정에 문제가 있는 사람이다. 좀 더 구체적으로 말하면 목표가 없거나, 목표가 있어도 허황되어 뜬구름 잡는 격이 되거나, 목표가 저속하다. 복권, 도박 등으로 일확천금을 노리는 사람은 실패하기 마련이다. 목표의 질이 낮은 사람도 실패할 수밖에 없다. 걸인들의 관심사는 어떻게 하면 더 많이 구걸을 할 수 있느냐에 있다. 목표의 질이 그 수준밖에 안 되기 때문에 그들의 수입은 어느 한계 이상을 넘지 못한다.

구약성서를 보면 이스라엘의 초대 왕 사울은 그의 충실한 신하요, 사위인 다윗을 죽이려는 목표밖에 가지고 있지 않았다. 반면에 다윗은 통일왕국을 건설하고자 하는 목표를 가지고 있었다. 결국 사울은 몰락했지만 다윗은 승승장구하였다.

주위의 성공한 사람과 실패한 사람들을 잘 살펴보라. 성공한 사람은 올바른 목표를 지니고 있지만 실패한 사람은 목표가 없거나, 있어도 허황된 목표를 지니고 있다는 것을 알게 될 것이다.

이번엔 자기 자신을 살펴보라. 열심히 노력을 했는데도 성공을 하지 못했다면 그 원인이 분명 있을 것이다. 자신의 과거의 삶을 잘 분석하면 다음과 같은 문제를 발견할 것이다.

그 첫째 원인은 분명한 목표가 없거나 잘못된 목표에 매달려 아등바등 살아왔기 때문일 것이다. 올바른 목표가 없으니 이리 갈까, 저리 갈까 망설이며 시행착오만 하고 세월의 낭비만 하게 된다. 목표가 잘못된 것은 길을 잘못 가는 것과 마찬가지다. 잘못 들어선 길은 간 만큼 손해이다.

다음의 원인은 계획을 추진하지 못했기 때문일 것이다.

좋은 목표를 세웠지만 현실이라는 벽에 부딪혀 산산조각이 난 경우도 있고, 의지가 부족해서 작심삼일로 끝난 경우도 있을 것이다. 혹은 빨리 목표를 달성하고자 하는 강박증에 시달려 조급하게 행동함으로써 실패를 자초한 경우도 있을 것이다.

이에 대한 해결책이 있다. 무엇보다도 먼저 올바른 목표를 찾는 것이다. 올바른 목표를 발견하고 밝은 눈으로 그 목표를 계속 바라볼 때 모든 일이 변화되기 시작한다. 그때 새롭고 신나는 세계가 눈앞에 전개된다. 이 책은 당신으로 하여금 올바른 목표를 찾게 하고 목표지향적인 인생이 되도록 안내할 것이다.

● 어떻게 목표를 세우느냐가 중요하다

사람만이 목표를 가질 수 있다. 동물은 목표를 세우거나 목표를 선택할 수 없다. 오직 본능에 따라 행동할 뿐이다. 사람이 목표를 추구할 수 없다면 인간다운 삶을 살지 못하고 다만 생존할 뿐이다. 인생의 모든 즐거움과 보람은 올바른 목표를 추구하고 그것을 달성해 가는 과정에서 생긴다.

사람에게 있어서 가장 강한 힘은 자기 자신의 인생을 어떻게 개척하느냐 하는 의지에서 나온다. "어떻게 인생 목표를 세우느냐"가 모든 것을 결정한다. 자기 인생은 스스로 만드는 것이다. 자신의 참모습이 무엇인지, 자신이 무엇을 원하는지 알지 못하는 사람은 세월에 따라 흘러가거나 약아빠진 사람들에게 이용을 당하며 살 수밖에 없다.

북유럽 스칸디나비아 반도의 툰드라나 황야에 서식하는 레밍이라는 쥐과에 속한 동물이 있다. 몇 년마다 크게 증식해 이동하므로 나그네쥐라고도 불린다. 레밍은 우두머리 쥐를 따라 맹목적으로 달리는 특성이 있다. 앞의 쥐가 절벽에 떨어져 죽더라도 뒤를 쫓는 쥐는 달리기를 멈추지 않고 함께 따라가 죽는다고 한다. 생각도 목표도 없이 행동하는 사람은 이 레밍과 같다.

서양 속담에 "목적지가 없는 배에게는 유리한 바람이 불지 않는다"는 말이 있다. 지난 일을 후회하면서도 '살다 보면 좋은 일이 생기겠지'라는 막연한 기대로 세월을 허송하는 사람들이 많다.

인생에 있어서 가장 중요한 것은 내가 스스로 목표를 세우는 일이요, 다음으로는 그 목표를 이루기 위해 노력하는 것임을 알아야 한다.

목표 설정은 종합예술과 같다

미술과 건축은 공간예술, 문학과 음악은 시간예술이라고 한다. 그리고 연극, 영화 등을 종합예술이라고 한다. 목표 설정 작업은 종합예술과 같다. 삶의 모든 행동의 초점을 목표에 맞추기 때문이다.

예술가가 예술을 창조할 때 온 정성을 들이듯이 우리가 목표를 설정할 때도 정성을 들여서 해야 한다. 자신의 지혜와 경험 그리고 새로운 정보들을 잘 사용해서 자신에게 가장 맞는 목표를 설정해야 한다. 잘 설정된 목표는 명화와 명곡이 사람을 매료시키듯 사람을 끌어당기는 힘이 있다.

미국의 목회자 릭 워렌은 수년 전에 《목적이 이끄는 삶》이라는 책을 써서 무려 2,500만 부가 팔리는 초대형 베스트셀러의 작가가 되었다. 그 번역판이 우리나라에서도 100만 부 이상 팔렸다. 아마 가장 놀란 것은 저자 자신일 것이다.

그 책이 큰 반응을 불러모은 이유는 많은 사람에게 공감을 주었기 때문이다. 이것을 다른 각도에서 생각해 본다면 많은 사람들이 목표를 세우는 일에 그만큼 어려움을 겪고 있기 때문이 아닐까.

목표 설정 작업은 결코 쉬운 것이 아니다. 각자의 역할과 기능에 따라서 목표가 다르다. 젊을 때의 목표가 다르고 노인이 되었을 때의 목표가 다르다. 상황이 좋을 때의 목표와 상황이 나쁠 때의 목표가 다르다. 목표 설정은 일생동안 계속되는 작업이다.

그런데 분명한 것은 성공의 열매를 맛있게 먹으려면 목표의 중요성을 좀더 일찍이 깨닫고 올바른 목표를 설정하는 훈련을 해야 한다는 것이다. 많은 사람들이 목표라는 말을 사용하기는 하지만 목표가 무엇이며 그 목표를 어떻게 세워야 하느냐에 대해서는 거의 무지하다.

"인생이 목표와 일치된 것이라면 무가치한 것이 없고, 아무리 위대하고 좋은 것이라도 인생의 목표에 어긋나는 것이면 무의미하다. 행운이란 목표를 달성하려는 집착력의 별명이다."

에머슨의 이 말을 새겨들을 필요가 있다.

2. 목표의 방향을 바르게 잡아라

좋은 조건을 갖추었음에도 불구하고 이렇다할 성취를 하지 못하고 세상을 떠나는 사람이 있는가 하면, 쥐꼬리만한 성공에 만족하고 더 이상 나아가지 않는 사람도 있다.

자기의 진정한 목표를 발견하지 못하고 자신의 많은 잠재력을 사장시키고 있는 사람들을 많이 보게 된다. 인생에 있어서 올바른 방향, 즉 올바른 목표를 발견하는 것이 무엇보다도 중요하다.

● 방랑자냐, 순례자냐

등산을 해 본 사람이나 자동차 운전을 하는 사람은 모두 올바른 목표점, 즉 방향이 가장 중요하다는 것을 공감한다.

산에는 여러 갈래의 길이 있다. 처음에 길을 잘못 들어서면 방향을 잃고 헤매게 된다. 요즘은 내비게이션(차량용 길안

내기기)을 차에 부착하기 때문에 목적지를 찾아 운행을 하는데 종전처럼 어려움을 겪지 않는다. 그러나 운전을 할 때 잘못된 길로 들어서면 아무리 속력을 내서 달려도 소용이 없다. 오히려 더 먼 거리를 다시 되돌아와야만 한다.

잘못된 목표를 향해 가고 있는 사람은 대단히 손해가 많다. 나이가 많다면 비록 깨닫는다 할지라도 만회할 기회는 매우 부족하다. 어느 시집의 제목처럼 "지금 알고 있는 걸 그때도 알았더라면…"하고 가슴 아파하게 된다.

인생은 여행이라고 하는데 이것은 적절한 표현이다. '하숙생'이란 흘러간 노래의 가사를 조용히 음미해 보자.

"인생은 나그네길 어디서 왔다가 어디로 가는가. 구름이 흘러가듯 떠돌다 가는 길에 정일랑 두지 말자. 미련일랑 두지 말자. 인생은 나그네길 구름이 흘러가듯 정처 없이 흘러서 간다. 인생은 벌거숭이 빈손으로 왔다가 빈손으로 가는가. 강물이 흘러가듯 여울져 가는 길에 정일랑 두지 말자. 미련일랑 두지 말자. 인생은 벌거숭이 강물이 흘러가듯 소리 없이 흘러서 간다."

이 노래의 가사와 같이 구름이 흘러가듯 떠돌다 가는 인생도 있고, 강물이 흘러가듯 소리 없이 흘러가는 인생도 있다. 이런 인생들은 목표가 없는 인생들이다. 거룩한 순례자들이 아니라 목표가 없는 방랑객들이다.

인생을 계속 방황만 하다가 마는 사람이 있다. 많은 재능, 좋은 환경, 여유 있는 시간을 가졌건만 이것을 어느 한 곳에 집중하지 못하고 계속 시행착오만 하다가 헛된 인생으로 끝나는 사람도 많다. 올바른 방향을 찾는 과정에서 시행착오는 불가피하다. 그러나 그것은 최소화해야 한다. 왜냐하면 인생은 제한되어 있기 때문이다.

● 보다 일찍 목표의식을 가져야 한다

나는 대학에서 십수 년간 학생들을 가르쳐 오면서 대학에 입학하고 나서도 자신이 택한 전공에 대해서 자신감을 갖지 못하는 학생들을 많이 보았다.

과연 자신이 택한 길이 자신이 택해야 할 진정한 진로인지 확신이 서지 않는 것이다. 20대가 되었는데도 아직 인생의 방향을 올바로 잡지 못한다면 안타까운 일이다.

스위스에서는 초등학교 4학년 때 이미 일생의 큰 방향이 정해진다고 한다. 담임선생이 주심이 되고 옆 학급 담임선생이 부심이 되어 학생들을 적성과 재능에 따라 분류를 한다.

이 선생님들의 결정에 대해 모든 부모들은 신뢰를 한다. 물론 학생들도 선생님의 결정에 순복을 하고 그에 맞추어 진로를 개척한다.

재능을 조기에 발견하는 것은 행운이다. 그들은 우리나라 학생들에 비해서 얼마나 빠르게 진로를 결정하는가? 그들은 그만큼 수월하게 인생을 살아갈 수 있는 것이다.

전혜성 박사, 그녀는 자신의 여섯 자녀를 모두 미국의 명문대학인 예일대와 하버드대를 졸업시키고 그들을 크게 출세시킨 어머니다. 그녀는 한국은 물론 미국에서도 성공한 자녀 교육의 표본으로 꼽히는 여걸이다.

그녀는 아이들을 리더로 키우기 위해서는 무엇보다 목적을 갖도록 해야 한다고 강조하며 이렇게 말했다.

"아이를 잘 키운 비결이 뭐냐고 자주 질문 받는다. 나는 목적을 세우는 것이 가장 중요하고 어렵다고 본다. 목적이 있으면 스스로 노력도 하고 공부도 하고 힘도 기른다. 평소에 나는 자녀들에게 남들에게 보탬이 되는 사람이 되려면 일단 어느 분야에서 탁월한 사람이 되어야 한다고 강조했다. 그렇게 목적의식을 심어주었더니 엄마가 악쓰지 않아도 아이들이 이를 악물고 공부를 하였다."

그녀는 자녀들이 규칙적으로 공부하도록 했다. 그녀는 아이들의 나이와 성향에 맞춰 공부 시간과 양을 함께 정했다. 계획에 무리가 없도록 했고, 아이들은 자신이 정한 양을 해낼 수 있었다는 것이다. 공부에도 뚜렷한 목표와 현실적인 계획이 얼마나 중요한가를 알 수 있는 좋은 예이다.

● 특별한 재능을 발견하고 그것을 계속 살려라

자신의 장점과 한계점을 잘 알아서 올바른 목표를 세울 수 있다면 정말 다행이다. 자기 자신을 정확히 아는 것은 불가능에 가까울 정도로 어려운 일이다. 일찍이 소크라테스가 "네 자신을 알라"고 강조한 심정이 크게 공감된다.

골프공에 스위트 스팟(sweet spot)이란 부분이 있다. 이것은 골퍼가 공을 칠 때 가장 잘 맞아 공이 멀리 날아가게 되는 바로 그 부분이다. 물론 야구나 축구에도 스위트 스팟이 존재한다.

사람에게도 누구에게나 스위트 스팟, 곧 천부의 재능이 있다. 이것을 일찍 발견해서 그 방면으로 계속 발전시켜 나가면 대성할 수 있는 것이다. 부모나 선생의 가장 큰 책임은 자녀나 제자들의 스위트 스팟을 빨리 발견해서 그것을 발전시켜 나가게 하는 것이다. 그래서 각자 나름대로의 특성을 살린 사람으로서 성장하도록 해야 한다.

부모나 선생이 이런 역할을 해주지 못한다 할지라도 스스로 자신의 스위트 스팟을 발견하도록 노력해야 한다. 자신의 스위트 스팟을 발견하기 위해서 다음의 질문들이 도움이 될 것이다.

· 내가 잘하는 일은 무엇인가.
· 내가 좋아하고 하고 싶은 일은 무엇인가.
· 내가 해야 되는 일은 무엇인가.

이 세 가지 질문이 모두 합치가 되면 자신의 스위트 스팟이 어떤 것인가를 대강 알게 될 것이다. MBTI 검사 외에 에니어그램, 에고그램 등의 성격검사도 개성과 재능을 발견하는 데 도움을 준다. 성격에 대한 기초 검사는 인터넷으로도 쉽게 할 수 있다.

어느 중학교 담임선생이 한 학생에게 장래의 소원이 무어냐고 물어보았다. 그 학생은 탤런트가 되는 것이라고 대답했다. 그래서 그 선생이 다시 묻기를 탤런트가 얼마나 어려운 직업인지 아느냐고 하니 그 학생은 잘 모른다고 대답했다.

이렇듯 단순히 바라는 것과 실상과는 별개인 경우가 많다. 그러나 비현실적이라고 해도 자신이 꼭 하고 싶은 일을 우선순위에 놓고 검토해 보는 것이 좋다.

나는 주위에서 자신의 특성을 살리지 못하고 엉뚱한 길로 들어서서 고전을 면치 못하는 사람들을 종종 보게 된다.

사업을 할 사람이 아닌데 사업에 뛰어들어 재물과 세월만 낭비하는 사람, 성직자가 되어서는 안 될 사람이 신의 계시를 받았다고 하면서 신학교에 들어가는 사람, 학자가 되기에는 능력이 부족함에도 불구하고 부모에게 거금을 달라고 해서 해외유학을 가는 학생, 성악가로서 성공할 수 없는 성대를 갖고 태어났으면서 성악을 전공하는 학생을 보게 된다. 이들은 자기 자신에 대해 무지한 사람이고 그 결과는 대부분 좋지 않다.

조물주는 자연 가운데 갖가지 나무를 심은 것과 같이 인간 속에도 가지가지 재능을 심어 놓았다. "굼벵이도 구르는 재주가 있다"는 말이 있듯이 만물의 영장인 사람은 얼마나 뛰어난 재능을 가지고 있을까. 자신의 독특한 재능을 발견하는 것이 무엇보다도 중요하다.

국제적인 여론 조사기관인 갤럽연구소에서 판매원, 회사 간부, 교사, 의사, 항공기 조종사, 운동선수 등 성공적인 직업인 25만 명을 상대로 조사를 실시하였다. 그 결과 사람들이 자신의 강점을 이용할 수 있는 일에 종사할 때 가장 큰 성공을 거둔다는 결론을 얻었다고 한다.

자신의 특별한 재능에 초점을 맞추는 것이 성공에 이르는 지름길이라는 것을 객관적으로 나타내 준 것이다.

● 미래를 어떻게 준비할 것인가

미래는 불확실하다. 아무리 뛰어난 통찰력이 있는 사람이라도 미래의 모습을 확실하게 그릴 수는 없다. 그러나 미래는 무한한 가능성과 발전의 여지가 있다. 운명론을 거부하고 스스로 미래를 설계하라. 하루하루를 그 설계도에 따라 진행해 나가면 반드시 위대한 미래를 건설할 수 있다.

늘 건전한 삶의 원칙을 마음에 품고 행동해야 한다. 가장 보편적인 삶의 원칙은 '추수와 파종의 법칙'이다. 쉽게 말해서 뿌린 대로 거둔다는 것이다. 노력은 결코 배반하지 않는다는 말이 있다. 이 인과의 법칙은 자연과 인생에 모두 적용되는 중요한 법칙이다. 씨 뿌리는 심정으로 미래에 대해서 차근차근 준비하는 것이 필요하다.

마음에 여유를 갖고 미래에 대해서 조직적으로 생각해야 한다. 조용히 생각할 수 있는 시간은 매우 생산적인 시간이다. 이런 시간을 내서 최소한 10년 후의 나 자신의 모습을 생생하게 생각해 보라. 그리고 10년 후의 일기를 상상력을 통하여 미리 적어 보라.

자신의 강점 한 가지를 분명히 키워라. 자신이 걸어가야 할 길을 찾으라. 만일 우리가 우리의 길을 따르지 않고 다른 사람의 길을 모방한다면 비록 성공한다 할지라도 욕구불만이나 실패의식에서 벗어나지 못할 것이다.

자기가 가지고 있는 독특한 재능을 찾기만 하면 된다. 이 독특한 재능을 바탕으로 하여 위대한 비전을 세워라. 그리고 비전이 당신의 삶을 이끌어가게 하라. 비전을 마음에 품으면 이미 미래를 소유하고 있는 것이다. 되는 대로 살지 말고 미래를 소유하라. 자신의 참모습을 분명히 하라. 어디를 가도 자기가 누구인지 분명히 밝히라. 과거에 붙들려 살지 말라. 미래를 바라보고 자신의 잠재력을 극대화하라.

왜 행동하지 못하는가? 그 이유는 두려움과 의심과 낙심 때문이다. 시작할 때 두렵고, 시작한 후 의심이 되고, 빠른 결과가 오지 않는다고 낙심을 한다. 우선 지극히 작은 행동의 변화를 일으켜라!

3. 목표의 위력을 실감하라

의미 있고 명확한 목표가 얼마나 큰 힘을 발휘하는지 모른다. 모든 성취한 대상들은 사람들의 마음속에 있는 목표에서부터 시작되었다. 행동가는 우선 깊이 사고하는 사람이다. 마음속에 품고 있는 꿈과 목표에 의해서 세상은 변한다.

한 가지 목표를 향한 질주

나는 산악열차로 스위스의 융프라우 봉을 두 번 올라간 적이 있다. 만년설을 바라보는 감격, 얼음동굴로 들어가는 오싹함, 상봉에서 눈을 밟고 눈을 맞는 기억은 지금도 새롭게 느껴진다.

오늘날의 기술로도 만들기 어려운 산악철도를 120년 전에 어떻게 건설했을까. 목표의 위력을 실감하게 하는 사례이다. 이 산악열차를 타본 사람들은 모두 이것이 어떻게 가능했을까 하고 몸서리치게 된다. 창시자의 기막힌 생각과 모험에 감동을 받게 된다.

1880년대 후반 아돌프 구에르 젤러라는 사람이 어느 날 그의 딸과 융프라우 봉 밑을 산책하던 중 '이곳까지 열차를 연결할 수 없을까' 라는 생각을 하게 되었는데 이것이 동기가 되어 융프라우 산악열차를 건설하게 된 것이다.

젤러는 그날 밤에 구체적인 도면을 그리기 시작했다. 처음에 젤러의 설계도면을 받은 철도회사는 그 계획이 너무 거창해서 말문이 막혔다고 한다. 이 계획은 알프스의 상징적인 여러 고봉들 중에서 세 자매라고 불리는 아이거, 묀히, 융프라우요흐 중 두 개의 봉우리를 뚫고 지나가는 것이었다. 총 길이는 12km이었다.

이 설계는 스위스 국회에서 논의될 만큼 반향을 일으켰고 마침내 의회를 통과해 16년에 걸친 대공사 끝에 1912년 8월 1일 스위스 독립기념일에 처음으로 개통되었다.

공사가 진행되는 동안 추운 날씨와 눈보라 등 혹독한 자연환경과 싸워야 했으며, 설상가상으로 공사비가 제대로 공급되지 않아 곤욕을 치르기도 했다. 가장 어려운 것 중의 하나는 그 부근의 주민들을 설득하여 철도건설에 참여하게 하는 것이었다. 공사 도중 여러 명의 사상자도 냈다.

아쉽게도 이 원대한 계획과 설계를 직접 한 아돌프 구에르 젤러는 완공을 보지 못하고 공사가 진행되는 도중 세상을 떠났으며 그의 아들들이 이 사업을 이어받아 완성했다.

이 산악철도가 완공됨으로 인해 전 세계의 수많은 관광객과 지역 스키어들에게 많은 유익을 주고 있을 뿐 아니라 지금까지 스위스 정부에 막대한 관광수입을 안겨주고 있다. 우리나라 돈으로 14만 원가량하니 KTX로 서울에서 부산 왕복요금보다 더 비싼 금액이다.

무엇보다도 우리는 이 산악철도가 아돌프 구에르 젤러라는 한 사람의 마음속에 생긴 한 가지 목표 때문에 만들어지게 되었다는 사실에 주목해야 한다.

미국의 존 F. 케네디는 매력적인 대통령이었다. 빛나는 미소, 깔끔한 외모, 탄탄한 재력, 좋은 가문, 강력한 감화력을 주는 웅변술, 아름다운 아내 등 다른 사람들이 부러워할 조건들을 많이 가지고 있었다.

그런데 그의 위대성은 다른 데 있다. 비록 그가 임기 도중 암살당해서 3년밖에 대통령직을 수행하지 못했지만 쿠바 위기 때 보여준 결단력과 아폴로 계획의 수립은 그의 치적 중 백미라고 할 수 있다.

사실 1950년대 후반부터 미국은 소련과의 우주 경쟁에서

밀려나고 있었다. 1961년 4월 12일에는 소련의 우주비행사 유리 가가린이 최초의 유인 우주비행체를 타고 108분이나 지구 궤도를 돌아서 무사히 귀환했다. 미국 국민들은 이 일에 대해 처절한 패배의식을 갖게 되었다.

케네디 대통령은 1961년 5월 25일 거창한 목표를 국민들 앞에 제시했다. 바로 "1960년대가 끝날 때까지 사람을 달에 착륙시켰다가 무사히 지구로 귀환시킨다"는 목표였다. 그는 구체적인 목표를 설정한 것이다. 그는 이 목표를 달성하기 위하여 구체적인 정책을 수립하였으며 미국 국민들의 큰 호응을 얻었다.

그의 목표는 그가 죽은 후에도 계속 추진되었고, 마침내

1969년 7월 21일 아폴로 11호를 타고 달로 날아간 세 명의 미국 우주비행사 중 선장이었던 닐 암스트롱의 왼발이 달 표면에 닿았다.

사실 케네디 대통령이 이 국가적 목표를 세울 때 과학자들은 의심했다. 과학자들은 빨라야 1995년경에 인간의 달 착륙이 이루어진다고 주장했다. 그런데 이들이 예측한 것보다 25년이나 앞당겨 목표가 달성되었으니 구체적인 목표 한 가지가 얼마나 위력을 발휘하는지 알 수 있다.

● 히딩크 감독이 보여준 목표와 계획의 위력

우리나라가 전 세계 사람들의 주목을 받은 최대의 사건은 '2002년 월드컵 축구'일 것이다. 우리나라 축구팀을 단숨에 4강까지 올려놓은 히딩크 감독의 용병술이 놀랍기만 하다. 그는 누구보다도 목표와 계획의 효과가 얼마나 큰지 잘 알고 있었다.

히딩크 감독은 월드컵 전에 대표팀이 유럽 강팀과의 평가전에서 수모에 가까운 패배를 했을지라도 크게 실망하지 않았다. 2001년 한 해 히딩크 감독이 유럽 팀을 상대로 거둔

성적은 1승 1무 4패였다. 프랑스와 체코에게는 잇달아 0:5로 대패했다.

하지만 그는 오히려 선수들을 격려하며 크게 개의치 않았다. 왜 그랬을까? 전지훈련과 평가전은 축배를 위한 과정일 뿐이고 월드컵 본선에 목표를 두고 있었기 때문에, 그는 좋은 성적을 내지 못해도 실망하지 않고 목표를 향해 '전진!'을 외친 것이다.

그는 유럽 축구 강국들을 상대로 승리할 수 있는 확실한 목표를 설정하고 과학적인 프로그램에 따라 선수들을 훈련시켰다. 그는 선수들에게 "앞으로 500일 동안 하루에 1%씩만 실력을 향상시켜 나가자"고 독려했다. 그리하여 불과 1년 6개월 만에 한국 대표팀의 체질을 완전히 변화시켜 놓았던 것이다.

그는 선수들에게 적극적인 태도와 자신감을 갖게 하고, 과감성을 발전시켰다. 체력과 기술을 향상시키며 경쟁심을 통해 강인함을 고양했다. 그는 바로 이런 네 가지 주제를 실천하며 월드컵 본선에 목표를 두고 선수들을 지도했다.

우리 국민들은 '월드컵 본선에서 우리 팀이 단 한 번만 이겼으면' 하는 목표를 가지고 있었다. 하지만 히딩크 감독은 달랐다. 최우승을 목표로 삼고 최선을 다했던 것이다.

● 목표는 강력한 힘을 발휘한다

우리는 목표가 있어야 생존이 가능한 세상에 살고 있다. 그 어느 때보다도 선택을 요구하는 시대에 살고 있는 것이다. 이런 시대에서 목표 설정을 하지 못하면 시대에 뒤떨어진 사람이 될 수밖에 없다.

현대는 풍요한 사회, 개방적 사회, 다양한 사회 그리고 무한한 가능성의 사회이다. 따라서 여러 가지 중에서 무엇을 선택해야 하며 어떤 결단을 해야 하느냐가 새로운 과제가 되었다. 올바른 목표 설정의 중요성이 그 어느 때보다 높아지게 된 것이다.

릭 워렌은 그의 책 《목적이 이끄는 삶》에서 다음과 같이 말한다.

"목적을 알면 삶의 의미가 생긴다. 삶의 의미가 있다면 인간은 모든 일을 견딜 수 있다. 목적이 없으면 대충 살아가는 것뿐이다. 목적을 알면 삶이 단순해진다. 이런 삶이 마음에 평화를 준다. 목적을 알면 초점을 맞춘 삶을 살게 된다. 초점을 맞추면 에너지를 모을 수 있다. 목적을 알 때 열정이 생긴다. 반대로 목적이 없으면 열정은 소실된다. 목적을 알면 시간을 유용하게 쓸 수 있다."

목표의 힘은 우리가 생각하는 것보다 훨씬 강력하다. 목표는 힘과 에너지를 집중하게 한다. 목표가 막연하면 어디에 자기 정력과 자원을 투자해야 할지 혼란을 일으키게 되고 결과도 기대하기 어렵다.

심리학자인 아리 키브 박사는 "목표를 가진 사람은 혼란과 부적당한 가치, 대립된 목표, 좌절한 우정, 그리고 합리적인 인생전략의 결핍에서 오는 모든 것을 극복할 수 있다"라고 했다.

목표는 신체와 정신의 건강을 가져온다. 목표가 뚜렷할 때 무엇을 해야 할지 분명히 알게 되고 혼란에서 벗어날 수 있으며 무엇을 할지 모르는 불안감에서 해방될 수 있다.

목표는 서두름을 예방해 준다. 발등의 불끄기 현상에서 벗어나게 하며 늘 여유를 갖게 한다. 흔히 우리는 눈앞의 일에만 집착하기 쉽다. 그래서 무엇이 중요한지, 어떤 것을 먼저 해야 할지 잊은 채 앞에 닥친 일들에만 매달리게 된다. 목표는 이런 함정에 빠지는 것을 예방한다.

목표는 잠재되어 있던 자신의 능력을 최대로 이끌어낸다. 목표는 의욕과 자신감을 준다. 자신의 목표를 찾을 수 있다면 수개월이 되지 않아 활기찬 모습으로 변할 것이다. 목표는 인간을 매우 강하게 만든다. 목표를 가지고 있는 사람은 사고력도 확고하여 남의 의견에 흔들리지 않는다.

목표를 설정하면 모든 장애는 사라지기 시작한다. 앞으로 나가야 할 방향과 무엇을 해야 할지가 분명해지기 때문이다. 또한 목표를 가지면 다른 사람과의 관계도 좋아진다. 자신이 어떤 관계를 맺어야 할지가 뚜렷해지기 때문이다.

목표는 개인과 가정과 직장과 국가의 유지와 발전을 위해서 큰 역할을 한다. 모든 개인은 사회 속에서 살면서 그 사회를 유지, 보존, 발전시킬 책임이 있다. 목표를 잘 관리하면 자신이 발전하며, 가정에도 질서가 잡히고, 직장에서 생산력을 높이게 된다.

한 단체의 총체적인 힘은 구성원 각자가 그 단체의 목표를 위해서 얼마나 효과적으로 단결했느냐에 달려 있다. 이것은 국가에 대해서도 동일하게 말할 수 있다. 큰 목표를 향해 국민의 모든 가능성을 합칠 때 엄청나게 큰 발전을 이룩할 수 있는 것이다. 그러나 국민 각자가 이념이 대립되고 힘이 분산되면 국가의 혼란만 가중될 뿐이다.

목표는 성공의 최대의 비결이다. 자아실현에 대한 열심을 얼마나 끌어내고 그 열심을 지속할 수 있는가는 진정한 목표를 가질 수 있는가, 없는가에 달려 있다. 요령이 좋은 사람이거나 머리가 좋은 사람이 인생에 승리하는 것이 아니다.

자기다움을 살려 평생 정열을 쏟을 수 있는 목표를 가지고 살아나가는 것이야말로 인생을 성공으로 이끄는 비결이다. 진정 자신의 목표를 가진 사람은 평생을 행복한 인생으로 보낼 수 있다.

● 목표 없는 삶에서 벗어나라

먼저 '무(無)목표 현상'에서 벗어나자! 어떤 목표라도 세워 목표의 공황상태에서 벗어나야 한다.

잠자리에 들 때 "오늘 바쁘기는 했는데 이룬 것은 없다"라는 의식이 들면 그 하루는 목표 없이 행동한 것임에 틀림없다. 목표 없이 막연하게 하루하루를 지내는 사람은 일종의 정신적 방황자이다.

세월이 흘러가는 대로 목표 없이 사는 사람이 있다. 낭만이 있어 보인다. 그러나 그에게는 거둘 것도 없다는 것을 알아야 한다. 방향 없는 삶보다는 목표를 세우고 약간의 긴장 속에서 살아가는 것이 바람직하다.

1년 전과 비교해서 달라진 점이 있는지 살펴보라. 달라진

점이 있다면 뚜렷한 목표를 세우고 진행했기 때문일 것이고, 달라진 점이 없다면 목표를 정해 놓지 않고 살아왔기 때문일 것이다. 목표를 정하고 거기에 몰입하면 틀림없이 변화가 일어난다.

또한 어떤 목표를 선택하느냐에 따라 전혀 다른 결과가 나온다는 것을 알아야 한다. 목표를 가지고 있는 사람 중에서도 진정한 자기 목표가 아닌 것을 가지고 있는 사람이 많다. 목표가 분명하지 않거나, 중도에 포기하는 것, 자꾸 목표를 바꾸는 것 등은 바람직하지 않은 현상이다.

목표가 허황되어 모래성을 쌓는 것과 같은 경우도 볼 수 있다. 목표가 쉽거나 매력이 없으면 지속을 할 수 없고 원하는 결과를 얻을 수 없게 된다.

조용한 시간을 내서 마음을 가다듬고 목표를 기록하는 것은 처음에는 좀 힘이 들지만 익숙해지면 즐겁다. 목표를 분명히 세우고 나면 불현듯 의욕이 생겨 흥분되며 당분간은 충실한 삶을 살 수 있다. 목표를 세우는 것만으로도 자신의 타성을 반성하며 앞으로 나아가고자 하는 구체적인 방향이 정해지기 때문이다. 일생동안 목표지향적으로 살아간다면 기적과 같은 성공을 하게 될 것이다.

4. 분명한 목표를 발견하라

목표가 무엇인지 그 개념을 잘 이해하는 것이 목표 설정에 있어서 중요하다. 목표는 목적과 구분하여 이해해야 한다. 목표를 영어로 'goal'이나 'objective' 또는 'target'이라고 하는데 목표의 가장 중요한 요소가 분명성과 구체성이다. 표적이 분명해야 사수가 총을 쏠 수 있듯이 목표가 분명해야 행동을 구체화할 수 있다.

● 목적은 '궁극적으로 희망하는 어떤 것'이다

'목적'이란 무엇인가. 개념을 분명히 하는 것은 모든 학문의 기본이다. 우리는 목적과 목표를 혼동해서 쓰고 있다. 목적과 목표는 비슷한 의미를 가지고 있지만 근본적으로 다른 점은 구체성의 문제이다. 다시 말해서 최종결과를 측정할 수 있느냐의 문제이다.

목적(purpose 혹은 aim)은 우리가 궁극적으로 희망하는 어떤 것을 말한다. 물론 목적은 그 자체가 측정할 수 있는 것은 아니다. 그러나 우리가 움직이려고 하는 쪽으로 분명한 방향을 정해주는 것이다.

우리가 어떤 일을 하거나 다른 사람에게 어떤 일을 부탁할 때는 무엇 때문에 한다는 어떤 명분을 내세운다. 이 명분이 목적과 비슷한 의미를 지니고 있다.

목적의 예를 들면 다음과 같은 것이 있다.

- 긍정적인 부모가 되는 것
- 효자가 되는 것
- 좋은 배우자가 되는 것
- 학식과 기술을 늘리는 것
- 더 나은 미래를 창조하는 것
- 건강을 증진하는 것
- 창조주께 영광을 돌리는 것

목적은 앞의 큰 방향을 정해주는 것이다. 그러나 목적에는 구체적으로 어떻게 성취하겠다는 내용이 포함되어 있지 않다. 그래서 목표라는 구체적인 개념이 필요한 것이다.

● 목표는 '미래에 달성할 바람직한 결과'이다

이번에는 '목표'란 무엇인지 살펴보자. 목표에 관한 정의는 학자마다 다르다. 내가 좋아하는 목표의 정의는 "목표란 미래에 달성할 바람직한 결과이다"라는 정의다. 이외에도 다음과 같은 정의들이 있다.

"목표란 미래의 모습을 그린 영상이나 그림이다."
"목표란 달성할 수 있는 미래의 사건이다."
"목표란 측정할 수 있는 미래의 사건이다."

이처럼 목표는 시간적으로 발생할 날짜, 효과를 발휘할 시기가 정해져 있는 것이고 성취될 사건이어야 한다. 다시 말하자면 발생할 사실을 분명히 알 수 있어서 그것이 미래의 사건으로 될 수 있는 것이어야 한다.

그런데 우리가 진행도를 측정할 수 있는 미래의 사건, 즉 목표는 미래 상황에 의해서 변경되거나 수정될 수 있다. 우리가 현 시점에서 고작 알 수 있는 것은 우리가 성취해야 할 것을 확신하는 것뿐이다.

가장 바람직한 목표에 대해 5개의 영어의 첫 글자를 합하여 'SMART 목표'로 설명하기도 한다. SMART 목표란 구체적(specific)이어야 하고, 측정 가능(measurable)해야 하며, 성취 가능(attainable)해야 하며, 현실적(realitic)이어야 하며, 마감기간이 정해져(time-bounded) 있어야 한다는 것이다.

이 다섯 가지 요소를 다시 세 가지로 요약하면 첫째, 최종 결과가 분명해야 하며 둘째, 마감일이 정해져 있어야 하며 셋째, 달성 가능해야 한다는 것이다. 이처럼 목표의 핵심은 구체성 혹은 분명성이다.

또한 목표의 본질은 변화이다. 시간과 장소, 양과 질이 변하는 것이다. 다음의 도표를 보라.

목표의 예를 구체적으로 들어보면 다음과 같다.

· 일주일 동안 초등학생인 아들과 최소한 2시간은 함께 시간을 보낸다.
· 올해는 부모님의 용돈을 작년보다 20% 늘려 드린다.
· 아내에게 적어도 1년에 두 차례 옷을 사준다.

- 나의 전문성을 향상하기 위하여 매월 세 가지의 전문 잡지를 구독한다.
- 1년에 교양도서 100권을 탐독한다.
- 적어도 40세가 되기 전에 5억을 저금한다.
- 현재 체중 75kg을 6개월 내에 5kg 줄인다.
- 올해에는 금연을 한다.
- 올해부터는 남을 비난하는 말을 일체 삼간다.
- 현재 빚 2,500만 원을 3년 내에 모두 갚는다.
- 내 수입의 3%를 사회복지단체에 기부한다.
- 2년에 최소한 한 번 목적 있는 외국여행을 하여 견문을 넓힌다.

다음의 도표와 같이 목표는 서로 의존하는 관계에 있다.

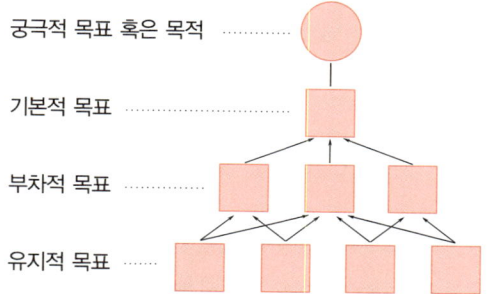

목표들은 항상 서로 떠받치고 있다. 보다 상위의 목표에 도달하기 위해서 하위의 목표들이 필요한 경우가 대단히 많다.

- 2010년에 대학을 졸업한다.
- 대학을 졸업하기 위한 학자금을 마련한다.
- 대학 4년 과정을 무사히 마친다.
- 평균학점 3.0 이상을 맞는다.

또한 목표들은 목적들과 연관되어 있어야 한다. 예를 들어 문화적인 삶을 사는 것이 목적이라면 다음과 같을 것이다.

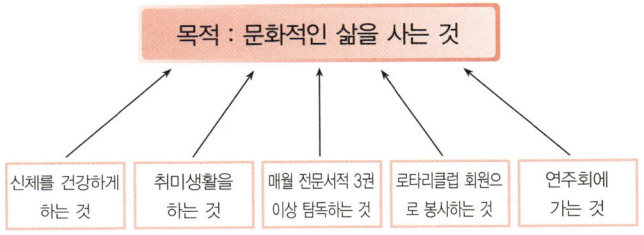

다른 어떤 목표를 달성하기 위해서는 몇 가지 목표들을 먼저 달성할 필요가 있다. 피아노 연주를 예로 들어 보겠다.

목표 : 최소한 합창곡 반주를 자유롭게 할 수 있는 수준으로 올린다.

피아노 연습과정

제5단계 : 체르니 50번, 크라머 뷜로 60번

제4단계 : 체르니 40번, 소나타(모차르트, 베토벤), 바흐 인벤션

제3단계 : 체르니 30번, 소나티네, 소나타

제2단계 : 체르니 100번, 하농

제1단계 : 바이엘 상, 바이엘 하(혹은 베스틴 교재)

● 목표는 다양하게 분류된다

목표는 어떻게 설정하는가에 따라 여러 가지로 분류할 수 있다.

상위개념과 하위개념상으로는 주목표와 부속목표로 구분할 수 있다. 예를 들면 "주목표 : 2010년에 대학 졸업, 부속목표 : 모든 과목에서 A학점 이상 받음"이라고 정하는 것이다.

시간개념상으로는 장기목표, 중기목표, 단기목표로 구분

할 수 있다. 장기목표가 우선이다. 일반적으로 3년 이상을 장기목표, 1년 내지 2년을 중기목표, 1년 이하를 단기목표로 간주하고 있으나 절대적인 구분은 없다. 개인적으로는 필요에 따라 장기, 중기, 단기를 자신의 사정에 맞게 조정할 수 있다.

적용범위별로 개인목표와 단체목표로 구분할 수 있다. 개인목표는 미시적인 목표이고, 단체목표는 거시적인 목표라고 할 수 있다.

목표를 설정하는 주제에 따라 좋은 목표와 나쁜 목표로 구분할 수 있다. 좋은 목표는 스스로 세운 목표이거나 목표의 가치를 인정하여 스스로 받아들인 것을 말한다. 일반적으로 자기 스스로 세운 목표가 더 동기유발을 하게 한다. 나쁜 목표는 남이 세운 목표이거나 강제적으로 하지 않으면 안 되는 목표이다. 이런 경우 목표의 가치를 깊이 인식하여 기꺼이 받아들이거나 피할 수 없으면 즐기는 태도를 가지면 좋은 목표가 될 수 있다.

삶의 기능별로 목표를 신체적 목표, 심적 목표, 사회적 목표, 종교적 목표, 경제적 목표, 가정적 목표 등과 같이 분류할 수 있다.

삶을 유지하고 발전하기 위한 목표를 일상목표, 문제해

결 목표, 창의혁신 목표, 자기계발 목표 등과 같이 분류할 수 있다.

실현 가능성별로 현실적인 목표와 절대 목표로 구분할 수 있다. 현실적인 목표는 달성하기 쉽지 않으나 불가능하지 않은 것을 뜻하고, 절대 목표는 달성하기 불가능한 비현실적인 목표를 뜻한다. 그런데 인류 역사를 보면 비현실적인 목표도 달성 가능했던 경우를 많이 볼 수 있다.

개인의 경우는 자신의 장점과 한계점을 잘 알아서 현실적인 목표를 세우는 것이 보다 현명하다고 할 수 있다. 우리 속담에 "올라가지 못할 나무는 쳐다보지도 말라"는 말이 있는데 이것은 너무 몸을 도사린 말 같다.

도전할 수 있는 일에 대해서는 모험할 필요가 있다. 그러면 뜻하지 않은 행운을 잡을 수도 있다. 그러나 아무리 노력해도 안 되는 것이 있다. 그것은 일찌감치 포기해야 시간, 정력, 재능의 낭비를 예방할 수 있다.

● 목표를 명확하게 세워라

사물을 구체적으로 표현하는 것은 중요한 기술이다. 목표에 있어서도 마찬가지다. 표적이 분명해야 표적물을 잘 맞힐 수 있듯이 목표가 분명해야 행동 또한 분명해진다. 우리나라 사람들은 미국이나 영국, 일본 사람들에 비해 구체적으로 표현하는 기술이 약한 편이다.

부도 위기에 몰린 닛산자동차를 1년여 만에 V자로 회복시켜 화제가 된 카를로스 곤 회장은 자신의 저서나 강연에서 목표를 명확히 하는 것이 얼마나 중요한지를 거듭 강조했다. 예를 들면 닛산자동차가 3년 동안 달성해야 할 목표를 제시한 '닛산 180' 프로젝트에서 1은 출고대수 100만 대, 8은 영업이익 8%, 0은 부채 제로라는 구체적인 목표가 포함되어 있다.

고 박정희 전대통령은 목표가 분명한 사람이었다. 그 시대에는 비웃음도 샀지만 "1,000달러 소득, 100억 달러 수출"이라는 목표가 분명했다. 그는 경부선 고속도로 건설이라는 목표도 뚜렷이 정했다. 그래서 불가능하다고 생각했던 그 공사를 2년 5개월 만에 완성하였다. 그는 목표가 분명했기 때문에 부정적인 시선에도 불구하고 자기가 갈 길을 갈 수 있었다.

그러면 다음 문항을 통해서 명확한 목표와 애매한 목표를 구분해 보자.

명확한 목표 VS 애매한 목표

명확한 목표는 '명' 이라고 쓰고, 애매한 목표는 '애' 라고 쓴다.

1. 좋은 학생이 된다. ( )
2. 수업 시간에 지각하지 않는다. ( )
3. 효자 혹은 효녀가 된다. ( )
4. 매월 부모님께 10만 원의 용돈을 드린다. ( )
5. 훌륭한 직장인이 된다. ( )
6. 매월 적어도 3건의 업무 개선 아이디어를 제출한다. ( )
7. 올해 다량의 책을 읽는다. ( )
8. 올해는 적어도 50권의 교양도서를 읽는다. ( )
9. 보다 날씬해지고 싶다. ( )
10. 현재 70kg의 체중을 6개월 이내에 65kg으로 줄인다. ( )
11. 돈을 많이 저축한다. ( )
12. 봉급의 30%를 저축한다. ( )
13. 올해는 가능한 한 등산을 많이 하고자 한다. ( )
14. 올해는 전국 명산을 적어도 10곳 등산한다. ( )
15. 나는 빨리 결혼하고 싶다. ( )
16. 늦어도 올 10월 안에는 결혼식을 올린다. ( )
17. 유럽 여행을 하고 싶다. ( )
18. 늦어도 3년 이내에 프랑스, 이태리, 스위스, 독일, 영국을

여행한다. ( )

19. 시간이 나면 자원봉사를 하고자 한다. ( )

20. 1년에 적어도 100시간의 자원봉사를 한다. ( )

이상의 문항을 체크하면서 홀수번호는 애매한 목표이고, 짝수번호는 명확한 목표라는 것을 알 수 있을 것이다.

올바른 목표를 설정하려면 명확한 목표를 설정하는 연습부터 해야 한다. 우리나라 사람들은 분명한 목표를 세우기를 꺼려하는 경향이 있다. 왜냐하면 어릴 때부터 목표에 대한 훈련을 받지 못했기 때문이다.

구체적으로 목표를 세우고 현실적인 계획을 세우는 방법을 일찍 배운다면 일생의 크나큰 프리미엄을 얻게 될 것이다. 확신하건대 다른 사람보다 훨씬 앞서가게 될 것이다.

● **목표를 기록하라**

기록의 효과는 대단히 크다. 기록을 하면 구체적으로 생각하게 되고 늘 관심을 갖게 된다. 잊어버리는 실수를 범하지 않게 된다. 머릿속에 담아두지 않아도 되므로 심적 부담을 덜게 된다.

머릿속에 있는 목표는 허상과 같아서 쉽게 사라진다. 그래서 구체적으로 세운 목표는 손으로 직접 써보는 것이 중요하다. 그러면 목표가 더 분명해지고 실현 가능성도 훨씬 높아진다. 또 목표를 구체적으로 적으면 변명거리가 사라진다. 그래서 억지로라도 하게 된다.

가령 당신이 오늘 해야 할 일 다섯 가지를 구체적으로 적고 그것을 자주 보면서 하루를 보낸다면 저녁에는 대부분 그것을 달성할 것이다. 시장에 갈 때도 사야 할 품목을 기록해 가지고 가면 빠뜨리는 물건 없이 모두 사게 될 것이다.

미국의 존 고다드라는 사람은 15세 소년 때 자신이 성취할 평생 목표에 대해 구체적으로 목록을 작성했다. 그 목표는 무려 127가지였다. 그 목표 중에는 성취하기 쉬운 것부터 약간 힘든 것, 그리고 아주 어려운 것 등 여러 가지가 포함되어 있었다.

쉬운 것들은 소년단원으로 참가하기, 1분간 200단어 타자 치기, 태권도 배우기 등이었고 좀 어려운 것들은 방울뱀의 독을 빼는 법을 배우기, 백과사전 한 번 읽기, 피아노를 배워 베토벤의 월광 소나타 치기 등이었다. 그리고 아주 어려운 것은 나일 강의 상류에서 뗏목을 타고 하류까지 내려오기, 에베레스트 산에 오르기 등이었다.

그런데 놀라는 사실은 그가 불과 45세에 127개의 목표 가운데 무려 103가지를 이루어냈다는 것이다. 만약 그가 목표를 기록하지 않았다면 아무것도 달성하지 못했을 것이다.

5. 정확한 현실감각이 필요하다

목표는 현실감을 토대로 설정할 때 달성 가능성이 높아진다. 자신과 주위의 상황을 잘 파악하는 것이 무엇보다도 중요하다. 과욕이나 망상에 근거한 목표를 세워서는 안 된다. 목표가 더 이상 현실적이지 못할 경우에는 그것을 포기하고 목표를 다시 세우는 것이 현명하다.

● 현실감각을 가져야 한다

추상적인 것과 구체적인 것, 이상과 현실, 미래와 현재는 서로 항상 간격이 있다. 어린이들은 이상과 현실을 좀처럼 구분하지 못한다. 그래서 TV에서 본 공상영화를 흉내 내어 사고가 나는 경우도 있다.

7세 된 경하는 그의 외할아버지에게 "내가 이담에 돈 많이 벌어서 아파트 한 채 사드릴게요"라고 한다. 그러면서 "제가

10만 원이나 저금한 걸요"라고 자랑한다. 그래서 그 할아버지는 "경하야, 고맙다. 그런데 40평 정도의 아파트는 되어야 하지 않겠니?"라고 하니 대답을 하지 못한다.

이 아이는 이상과 현실이 얼마나 다르다는 것을 아직 이해하지 못하고 있는 것이다. 아파트 한 채가 직장인이 일생동안 저축해야 살 수 있는 금액이라는 것을 알지 못한다. 어린이들은 가상적인 세계에서 살기 때문에 거침없이 자신의 포부를 말한다. 현실성에 대해서 별로 깊이 생각하지 않는다.

그런데 어른이 되어도 늘 공상세계에서 살아간다면 큰 문제가 아닐 수 없다. "로또 복권에 더도 덜도 말고 10억 원짜리 하나만 당첨돼라!"라고 기대 속에 사는 사람이 있다. 이런 사람은 현실감이 없는 사람이다. 그 가능성이 800만의 분의 1이기 때문이다.

자신을 신데렐라로 생각하고 언젠가 백마

탄 왕자가 자기를 데리러 올 것으로 기대하며 산다면 이런 여성 또한 현실감이 없는 사람이다. 이렇게 공상이나 착각 속에서 사는 사람이 의외로 많다.

올바른 목표를 설정하기 위한 출발점은 '정확한 현실인식'이다. 현실인식은 총체적으로 자기와 주위 상황을 아는 것이다. 현실은 무엇인가. 그것은 한마디로 '현재 있는 그대로의 참모습'이다.

현실을 파악하는 것은 결코 간단하지 않다. 현실은 현재, 여기라는 시공간에 처한 어떤 사물의 총체라고 할 수 있다. 그것은 그 사물의 본질이다. 현실 자체는 계속 변하고 있다. 올바른 목표를 설정하기 위해서는 현실을 파악하고 그 현실을 토대로 하여야 한다.

우리나라 성웅이라고 칭송을 받는 이순신 장군은 임진왜란 중 모함을 받아서 약 3개월 동안 도원수 권율의 막하로 들어가 백의종군하기도 했다. 그의 마음은 실로 억울하고 분하기 그지없었을 것이다. 그래도 그는 아무 말을 하지 않았다. 그는 현실을 직시하고 묵묵히 참으며 때를 기다렸던 것이다.

그가 임진왜란 때 일본과의 해전에서 23전 23승을 한 것도 그의 탁월한 현실감에 힘입은 바가 크다. 그는 전쟁에 나설 수 있는 때만 나서고, 나설 수 없는 때에는 결코 나서지 않았던 것이다.

우리 근세사의 큰 별이었던 서재필 박사는 우리나라 근대화와 독립운동의 선구자적인 역할을 하였다. 그는 19세의 나이로 병조참판을 하던 중 갑신정변에 참여했다. 그 정변이 '3일천하'로 끝나게 되자, 박영효와 함께 미국으로 망명하였다.

그러나 미국 사람들은 조선이라는 작은 나라에서 대감노릇을 한 그들에게 특별대우를 하지 않았다. 결국 박영효는 두 달을 거기서 버티다가 미국에는 상놈만 있다고 투덜거리며 일본으로 건너가 버렸으나 서재필은 그곳에 남아서 새로운 출발을 하기로 했다.

그는 자기가 과거에 가졌던 모든 위치를 무(無)로 돌리고 새 현실에 적응했다. 남의 집 잔디 깎는 일, 신문 배달, 오렌지 따는 일, 식당 종업원 등의 일을 하면서 공부를 하였다. 그리고 12년간의 망명과 유학생활을 한 끝에 한국 최초의 의학박사가 되었다.

그 후 귀국하여 독립문을 세우고 독립협회를 설립하여 독립정신을 고취하고 민족을 계몽한 공적은 역사에 길이 남을 것이다. 또한 한글 전용을 하도록 하여 우리 민족문화에 혁신을 이룩하였다. 그가 새로운 현실을 인식하지 못하고 불평, 한숨만으로 세월을 보냈다면 망명객으로서 일생을 보냈을 것이다.

제2차 세계대전을 승리로 이끈 영국의 처칠 수상은 현실감각이 뛰어난 사람이었다. 그는 말하기를 "현실이 꿈보다 더 좋다"고 하였다. 그는 독일과 전쟁을 시작할 때 국민들에게 허황된 목표를 제시하지 않았다. 오히려 그 전쟁이 매우 힘들 것을 예견하면서 "정부가 여러분에게 요구하는 것은 피와 눈물과 땀과 노고이다"라고 정직하게 말하였다.

직장에서 정년 은퇴를 한 후에 사업을 하려는 사람은 새로 펼쳐지는 현실에 대한 감각을 가져야만 한다. 과거의 지위나 체면 등에 대한 생각을 버리고 새로운 마음으로 시작해야 한다.

● 나의 현실감각지수는

다음의 문항들을 체크해 보면 자신의 현실감각지수를 가름해 볼 수 있다.

현실감각지수 알아보기

문항을 읽고 현실적이라고 생각되면 '현', 비현실적이라고 생각되면 '비' 라고 쓴다.

1. 나는 강한 의욕만 가지면 모든 것을 이룰 수 있다고 생각한다. ( )
2. 나는 나의 장점이나 단점에 대해서 상당히 무지하다. ( )
3. 현재 미혼인 나는 결혼만 하면 인생의 많은 문제가 해소된다고 생각한다. ( )
4. 처음 하는 일은 예측한 것보다 더 힘들고 더 오래 걸린다. ( )
5. 극단을 피하는 지혜, 즉 중용의 지혜가 최상의 지혜다. ( )
6. 지나친 낙관주의나 희망은 오히려 해가 된다. ( )
7. 별 수입이 없는 자가 3,000만 원의 빚을 지면 갚기가 거의 불가능하다. ( )
8. 돈만 많다면 해결이 안 되는 일은 거의 없다. ( )
9. 매사에 지나치게 꼼꼼하고 철저한 것이 오히려 비현실적이다. ( )
10. 현재 체중 90kg을 6개월 내에 60kg로 줄일 수 있다. ( )
11. 한 사람이 너무 많은 직책을 갖고 있거나 한 번에 너무 많은 일을 처리하려는 것이나 벼락치기식으로 하여 좋은 결과를 거두려는 것은 비현실적이다. ( )

12. 비싸게 티켓을 주고 공연장에 들어갔으면 재미가 없어도 끝까지 보고 나온다. ( )
13. 시기가 나쁠 때에는 아무것도 하지 않는 것이 돈을 버는 일이다. ( )
14. 나에게 대해서는 엄격해야 하고 다른 사람에 대해서는 관용을 베풀어야 한다. ( )
15. 은퇴 전에 상상했던 은퇴 후의 모습과 은퇴 후의 실제의 모습 사이에는 차이가 대단히 많다. ( )

〈정답과 해설〉

1. 답 : 비, 의욕과 실제와는 차이가 많다. 자신의 한계점이 있다.
2. 답 : 현, 그래서 소크라테스는 "너 자신을 알라"고 강조했다.
3. 답 : 비, 결혼하면 오히려 새로운 문제들이 많이 파생된다.
4. 답 : 현, 그렇다. 그래서 여유를 갖고 잘 진행해야 한다.
5. 답 : 현, 과유불급(過猶不及)이라고 했다. 지나친 것은 부족한 것과 똑같이 좋지 않다.
6. 답 : 현, 낙관주의나 희망은 본래 좋은 것이지만 지나치게 되면 오히려 낙심을 준다.
7. 답 : 현, 빚이 얼마나 무섭다는 것을 아는 사람은 매우 현실적인 사람이다.

8. 답 : 비, 돈으로 해결되지 않는 것도 부지기수로 많다는 것을 인식해야 한다.
9. 답 : 현, 사람은 원래 불완전한 존재이기 때문에 지나치게 꼼꼼하고 철저한 것은 비현실적이다.
10. 답 : 비, 물론 그렇게 할 수 있는 사람도 있다. 그러나 대부분의 사람에게는 불가능한 일이기 때문에 비현실적이다.
11. 답 : 현, 초인적인 생각을 갖는 것은 비현실적이다. 자신의 한계, 일의 한계, 시간의 한계를 인식하는 사람이 지혜롭다.
12. 답 : 비, 돈보다 시간이 더 귀중한 것이다. 더 이상 볼 가치가 없다면 즉시 나와야 한다.
13. 답 : 현, 시기가 나쁘면 무슨 일을 해도 나쁜 방향으로 흘러간다. 이때는 가만히 있는 것이 무슨 일을 벌이는 것보다 효과적이다.
14. 답 : 현, 사람은 이기적이고 주관적이어서 자기에게 관용하기 쉽다. 발상을 바꾸면 균형이 잡힌다.
15. 답 : 현, 맞다. 그래서 30세부터 수입의 30%를 30년간 저축하라는 말을 하는 것이다.

● 현실감각을 기르는 방법은

 개인이나 지도자는 정확한 현실감각을 지녀야 한다. 그렇지 못하면 시행착오를 자주 할 뿐만 아니라 실패를 부르기 쉽다. 역사상 많은 독재자들이 멸망한 것은 현실감각이 부족했기 때문이다.

 역사가들은 프랑스 혁명과 제정러시아 혁명은 당시 군주와 신하들이 좀더 현실감각만 있었더라면 능히 피할 수 있는 사건이었다고 말한다.

 백성들이 어떤 생각을 품고 있는지 제대로 파악하고 이에 대한 대비를 했더라면 왜 피비린내 나는 혁명이 일어났겠는가.

 또 군주가 전쟁을 일으키지 말아야 할 때에 전쟁을 일으키거나 적군과 타협을 하지 말아야 할 때 타협을 하는 경우 그 결과는 너무 끔찍한 것이다.

 현실을 알아야 승리할 수 있다. 그래서 손자는 "자기를 알고 적을 알면 백전백승한다"고 말했던 것이다. 그러면 현실감각을 기르려면 어떻게 해야 할까. 그 방법들을 알아보도록 하자.

① 자기와 주위 상황을 알아야 한다

자기의 장·단점과 나이와 경험, 자신을 둘러싸고 있는 총체적인 환경 등을 알아야 한다. 가장 중요하고 어려운 것이 자기를 아는 일이다.

② 과거, 현재, 미래가 균형을 이루어야 한다

자신이 어느 시제에 가장 많이 집중하는가를 살펴보라. 과거에 몰두하면 자랑 혹은 후회를 하게 되고, 현재에만 집중하면 쾌락주의자 혹은 발등에 불을 끄는 자가 되기 쉬우며, 미래에만 집중하면 공상주의자가 되기 쉽다. 모두 비현실적인 것이다.

과거, 현재, 미래를 함께 생각하는 통찰력이 필요하다. 건전한 역사의식을 지녀야 한다. 가장 바람직한 형태는 운전자가 운전하는 모습과 같다. 먼 곳을 우선적으로 바라보고 다음으로는 가까운 곳을 바라보며 가끔은 백미러를 바라보는 것이다. 건전한 비전을 갖고 앞으로 나아가는 것이 가장 정상적인 삶이다.

③ 올바르게 생각할 수 있는 능력을 기른다

제아무리 인격자라 할지라도 그의 생각과 판단에 오류가

있기 마련이다. 예를 들면 착오, 흑백논리의 사고, 편견, 고정관념, 독선, 고집, 일반화와 같은 잘못된 생각들이 많다. 그런데 문제는 모든 사람들이 자신의 생각이 옳다고 믿는 것이다.

④ 사물과 환경의 전체적인 모습을 파악해야 한다

숲도 보고 나무도 보아야 한다. 그리고 사물의 변화하는 상황도 주시해야 한다. 현실은 좋은 방향, 혹은 나쁜 방향으로 흘러간다.

⑤ 객관적이 된다

사람은 주관으로 기울게 될 경향이 농후하다. 뜬소문을 믿지 말고 정확한 정보나 신빙성 있는 데이터를 근거로 판단을 내리도록 한다.

⑥ 긍정적인 눈으로 본다

사물에는 긍정적인 면과 부정적인 면이 있다. 가능한 한 마음의 여유를 갖고 사물을 긍정적으로 보아야 한다. 그래야 밝히 볼 수 있다.

⑦ 폭넓은 경험을 많이 한다

경험을 많이 한 사람, 특히 고생한 경험이 많은 사람은 현실감이 풍부하다. 자기의 취미나 전공, 문화가 다른 사람과도 깊은 대화를 나누어 보라. 목적 있는 문화여행을 해 보라.

⑧ 끊임없이 통찰력을 기른다

구약성서에 나오는 '솔로몬의 명재판' 이야기는 논리로는 설명할 수 없는 이야기다. 솔로몬은 정확한 통찰력을 가지고 재판을 올바르게 할 수 있었던 것이다.

⑨ 끊임없이 배우라

배우기를 게을리 하지 마라. 아는 것만큼 볼 수 있다.

● **이상과 현실의 격차를 좁혀 나가라**

언제나 행동은 현실에서 출발해야 한다. 자신의 모습과 자신의 주위 상황을 정확하게 파악한 다음, 이것을 기초로 하여 새로운 현실을 만들어 나가는 것이 효과적이다.

어떤 경우에는 자신이 원하지 않는 현실이 닥치기도 한

다. 그럴 경우: 겸손히 현실을 받아들여야 하고 자기 연민으로 고통스러워해서는 안 된다. 그 현실이 무엇을 말해주는지 생각하라. 그리고 현실을 직시하고 당당히 대면하라.

예를 들어 "나의 체중은 85kg이다"라는 것이 현실적인 나의 한 모습이라고 하자. 그래서 질적으로 수준이 높고 건강한 삶을 살기 위해서 체중 감량이 필요하다는 생각을 하게 된다. 따라서 "나의 현재 85kg의 체중을 1년간 적어도 10kg을 뺀다"라는 목표를 세울 수 있게 된다.

"나의 현재 월수입은 300만 원이다"라면 좀더 여유 있는 경제생활을 유지하기 위하여 적어도 60만 원의 수입이 더 있어야 한다고 생각하고 목표를 정할 것이다. 그래서 "나는 현재 수입의 20%를 더 올린다"라고 목표를 세우는 것이다.

"나는 한 달에 두 권의 책을 읽는다"라는 현실에 부족을 느낀다면 "전문성과 교양을 늘리기 위해서 전문서적과 교양서적을 각각 3권을 읽는다"라고 목표를 세울 수 있다.

미국 조지아 주의 어느 시골학교에 마르다 베리라는 여선생이 있었다. 하루는 당시 미국의 최대부자인 헨리 포드에게 피아노를 구입하여 어린이들의 정서교육을 하겠으니 돈 1,000달러만 보내 달라는 간곡한 사연의 편지를 보냈다. 그로부터 회답이 왔는데 회답 속에는 한 개의 다임(10센트)이

들어있었을 뿐이었다.

그 여선생은 보통 사람과는 달리 실망하지 않고 태연하게 그 10센트를 가지고 땅콩을 샀다. 그것을 심어 땅콩농사를 시작했는데 그 농사가 잘 되었다.

그녀는 해마다 그 수확의 일부를 헨리 포드에게 보냈다. 그리고 5년 후에는 피아노를 구입하는 데 필요한 금액을 마련할 수 있었다. 이 사실에 감동한 헨리 포드는 여선생이 처음에 요구한 금액의 10배인 1만 달러를 보내주었다.

목표는 현실을 확장해 나가는 것이다. 정확히 현실을 파악하고 이것을 기준으로 목표를 설정하는 것이 무리가 없는 방법이다.

하나님!
내가 변화시킬 수 없는 일에 대해서는
그것을 받아들일 수 있는 평정심을 주시고
내가 변화시킬 수 있는 일에 대해서는
도전할 수 있는 용기를 주시며
그리고 이 두 가지 차이를 알 수 있는 지혜를 주옵소서.

하루 단위로 살아가게 하시고

매 순간마다 즐기면서 살아가게 하소서.
곤란한 일을 평화로 가는 통로라고 생각할 수 있게 하소서.

죄악이 많은 이 세상을 있는 그대로 받아들이게 하시고
내가 원하는 그 모습으로 생각하지 말게 하소서.
내가 당신의 거룩한 뜻에 복종한다면
당신은 만사를 가장 올바로 처리하실 줄 믿습니다.

이렇게 함으로써 나는 이 세상에서 매우 행복한 사람이 되고
저 영원한 세계에서는 지극히 행복한 사람이 될 것입니다.

이것은 미국의 신학자인 라인홀드 니버의 기도문이다. 이 기도문은 수십 년간 많은 사람들이 애송해 오고 있다. 그 내용을 보면 매우 현실적이다. 조용히 이 기도문을 음미해 보자. 라인홀드 니버의 기도문을 통해서도 현실감각을 키울 수 있을 것이다.

6. 욕구를 구체화하라

　사람이 가지고 있는 여러 욕구들은 마치 정제되지 않은 철광석과 같다. 철광석을 용광로에 집어넣고 제련하여 돌과 잡석들을 걸러내듯 자신의 다양한 욕구들도 정제하는 과정이 필요하다. 간절히 원하는 것이 모두 바람직한 욕구는 아니다. 좋은 목표를 세우려면 자신의 진정한 욕구를 골라내는 것이 필수다.

● 욕구를 잘 다스리는 것이 행복과 성공의 비결

　사람에게는 각종 욕구가 있다. 이 욕구가 있기 때문에 살려는 의지가 생긴다. 욕구가 없다면 살아갈 의미도 없으며 살맛도 생기지 않는다. 욕구는 끊임없이 발생하며 만족함을 모른다.
　구약성서에는 "눈은 보아도 만족하지 않으며 귀는 들어도 차지 않는다"(전도서 1:8)라는 말씀이 있다. 또한 성서는 잘못된 욕심에 대해서 "사람이 시험을 당하는 것은 각각 자기의 욕심에 이끌려서, 꾐에 빠지기 때문입니다. 욕심이 잉태하면 죄를 낳고, 죄가 자라면 죽음을 낳습니다"(야고보서 1:15)라고 경고한다.

인간의 최대의 미덕은 절제이다. 자신의 분수와 능력을 살펴 욕구를 절제하는 것이 행복으로 가는 길이요, 불행을 면하는 확실한 방편이다. 그리고 무엇보다도 욕구를 잘 조절해야 올바른 목표를 설정할 수 있는 것이다.

의욕이 없는 사람, 무기력한 사람은 새로운 일을 벌이려고 하지 않는다. 흔히 무소유(無所有), 무욕(無慾)의 사람을 칭찬하는 사람이 있지만 무소유, 무욕의 사람은 공동묘지에 묻혀 있는 사람 외에는 이 세상에 한 사람도 없다. 욕구는 사람이 살아있는 동안 늘 붙어 있는 것이다.

그런데 욕구의 종류는 한도 끝도 없다. 고귀한 욕구도 있고, 낮은 욕구도 있다. 모든 사람에게 있는 보편적인 욕구가 있는가 하면, 그 사람에게만 있는 특수한 욕구도 있다. 자신을 유익하게 하는 욕구도 있고 오히려 자신을 해치는 욕구도 있다. 유치한 아이들은 무엇이 올바른 욕구인지 모르듯이 어리석은 사람은 불필요한 욕구를 가지고 있다.

순금을 만들기 위해서는 금광석을 기계로 빻아 여러 차례 녹이고 걸러내는 과정을 통과해야 한다. 이렇게 우리의 욕구도 여러 과정을 통해 순화하지 않으면 안 된다. 그 사람의 인격을 측정해 볼 수 있는 척도가 되는 것은 바로 그가 마음에 품고 있는 욕구이다.

우리가 강렬하게 원하고 있다고 해서 그것이 진정한 욕구라고 할 수는 없다. 나도 남도 유익하게 하는 욕구가 올바른 욕구이다.

● **우리에게는 어떤 욕구가 있을까**

오래 전에 미국의 심리학자 에이브러햄 매슬로우는 '욕구의 다섯 가지 위계설'을 주장했다.

그는 인간의 욕구는 하위 욕구에서 상위 욕구로 향해 나간다고 했다. 그리고 욕구를 다섯 단계로 설명했는데 제일 아래에는 생리적 욕구, 그 위에는 안정의 욕구, 그 위에는 친화의 욕구(소속의 욕구), 그 위에는 인정받는 것과 존경받는 것의 욕구, 맨 상위는 자아실현의 욕구라고 했다.

생리적인 욕구는 생명을 보존하기 위한 욕구로서 짐승들

도 이런 욕구들을 가지고 있다. 사람이 이 수준에만 머무른다면 짐승들보다 더 낫다고 볼 수 없다.

고상한 욕구를 지녀야 한다. 최상의 욕구는 자아실현의 욕구인데 이것은 자신의 능력을 최대한 발휘하고 싶은 욕구이다. 보다 성숙한 인격자가 되기 위해서 끊임없이 자아혁신을 하고 싶은 욕구인 것이다.

사람이 지닌 욕구를 다음과 같이 다섯 가지로 분류할 수도 있다.

① 자기보존의 욕구

오래 살며 건강하고 기쁘고 보람 있게 살려는 욕구이다. 예를 들면 '체중을 줄인다', '식생활을 개선한다', '정원을 가꾼다' 등이다.

② 재산의 욕구

부, 상품, 토지 그리고 돈을 소유하고자 하는 욕구이다. 우리에게 필요하든 그렇지 않든 어떤 것을 갖고 싶은 욕구이다. 예를 들면 '장난감을 갖고 싶다', '월수입을 두 배로 올리고 싶다', '40세까지 최소한 5억의 저금을 하고 싶다', '증권을 사고 싶다', '빌딩을 소유하고 싶다' 등이다.

③ 힘의 욕구

이 욕구는 기술, 정력, 의지를 소유하고 싶은 욕구와 관련된다. 또한 인격, 능력과도 관계되며 육체적 힘, 도덕적 힘, 권위와 영향력 모두를 포함한다. 모든 야심이 이 범주에 해당한다. 예를 들면 '최소한 3개 외국어를 능통하게 하고 싶다', '올림픽 금메달리스트가 되고 싶다', '최소한 이사가 된 후에 퇴직하고 싶다', '하버드대학에서 박사학위를 받고 싶다' 등이다.

④ 명예와 인기의 욕구

이 욕구는 다른 사람에게 좋은 인상과 평판을 받는 것을 말하는데 자아존중과 자존심에 깊이 근거하고 있다. 이것은 매우 강력한 욕구이기 때문에 어떤 경우는 이것을 위해서 목숨을 바치기도 한다. 이것은 가장 강력한 동기부여 수단이다. 예를 들면 '수석으로 대학을 졸업하고 싶다', '훈장을 타고 싶다', '노벨상을 타고 싶다', '최고의 인기가수가 되고 싶다', '베스트셀러 작가가 되고 싶다' 등이다.

⑤ 사랑의 욕구

다른 사람의 복지를 위한 욕구이다. 즉, 다른 사람의 욕구에 응답하는 것이다. 누구에게나 선을 행하고자 하는 욕구가 있다. 그러나 그 욕구를 개발하지 않으면 잠자는 상태로 있게 된다. 예를 들면 '자원봉사활동을 하고 싶다', '소년소녀 가장을 돕고 싶다', '농촌 도서관에 도서를 보내고 싶다', '장학기금을 조성하고 싶다', '사랑하는 아내에게 생일선물로 옷 한 벌을 사주고 싶다' 등이다.

● 올바른 욕구란 무엇인가

에이브러햄 링컨과 아돌프 히틀러는 모두 19세에 큰 욕망을 지니게 되었다. 링컨은 '노예 해방'의 욕망을, 히틀러는 '전 세계의 맹주'가 되는 욕망을 품은 것이다. 그 결과는 어떻게 되었는가. 링컨은 최대의 위인이 되었고, 히틀러는 최대의 악인이 되었다. 그들의 욕망에 따라 결과도 정해지는 것이다.

역사상 말로가 좋지 않은 독재자들이 대단히 많다. 그들은 잘못된 욕구로 인해서 자기 국가에게나 다른 국가에게나 엄청난 피해를 주었다.

얼마 전 교수형에 처해진 사담 후세인 전 이라크 대통령은 1980년 권좌에 오른 직후부터 민생을 거의 내팽개친 채 아랍세계의 지도자로 부상할 욕망을 가지고 기회만 노렸다. 세 번의 전쟁을 일으켜서 무수한 인명을 죽게 만들고 결국 자신도 형장의 이슬로 사라졌다. 지도자가 잘못된 욕망을 가지고 있으면 그 부담은 고스란히 그 공동체에게 돌아갈 수밖에 없다.

그러면 어떻게 올바른 욕구를 분별할 수 있을까? 올바른 욕구는 다음의 몇 가지 과정을 통해서 정제될 수 있다.

첫째, "자신이 진정 좋아하고 받아들이는 것인가" 하는 것이다. 그것을 채우면 기분이 좋고 행복할 수 있느냐 하는 것이다.

둘째, "자신의 내면 깊은 데 있는 가치관과 일치하는 것이냐" 하는 것이다. 자신의 기본 태도, 삶의 철학과 일치된 욕구라야 진정한 욕구라고 할 수 있다.

셋째, "사회적으로도 보편타당하게 받아들일 수 있느냐" 하는 것이다. 다시 말해서 사회적 관습과 문화, 윤리와도 상반되지 않아야 하는 것이다.

넷째, "얼마나 필요로 하는가" 하는 것이다. 예를 들면 승용차를 살 때 '튼튼하고 모양 좋은 차를 산다'는 것은 실용적 필요로서 건전한 욕구하고 할 수 있지만 무조건 '최고급의 외제차를 산다'는 것은 사치이거나 특수한 경우에만 해당되는 조건이다. 늘 필요(needs)와 욕망(desire)을 구분하여야 한다.

다섯째, "내 분수에 맞는 것인가" 하는 것이다. 자기의 역량에 미치지 못한다면 욕망을 줄이거나 접는 것이 현명하다. 많은 정치인들이 대통령 한 번 하기를 원한다. 그러나 대통령이 되기에 부적절한 사람이 더 많다는 것을 생각한다면 야심이 큰 것이 좋다고만은 할 수 없다. 아무리 좋은 욕구라도 지나치면 반드시 해가 된다는 것을 명심해야 한다.

여섯째, "그 욕구가 충족된 다음 후회가 없겠느냐" 하는 것이다. 자신은 최선의 결정을 했다고 자부하지만 나중에 후회하는 일도 비일비재하다. 먼 앞을 내다보는 안목이 있어야 한다.

● 욕구를 분명히 하라

자신이 무엇을 하고 싶은지 정확하게 아는 사람은 그리 많지 않다. 설사 알고 있다 할지라도 잠깐 호기심을 보였다가 싫증을 낸다. 이런 사람을 가리켜 괴테는 "높은 탑을 쌓는데 고작 주춧돌 몇 개를 놓는 기초공사밖에 하고 있지 않는 사람이다"라고 표현했다.

내게 상담을 하러 온 중학교 3학년 B군은 이렇게 말했다.

"저는 아직 뭘 하고 싶은지, 어떤 대학에 가고 싶은지 생각해 본 적이 없습니다. 그래서인지 공부를 하려 해도 10분 이상 집중하기가 힘들어요. 고등학교에 가도 제가 무엇을 위해 공부해야 할지 모르겠어요."

이 학생은 욕구가 정돈되어 있지 않으니 초점이 잡히지 않고 목표를 분명히 정하지 못하는 것이다.

신약성서를 보면 예수가 많은 환자들을 고친 기사가 기록되어 있다. 예수가 하루는 베데스다라는 연못가에서 38년이나 고질병으로 고생하고 있는 환자를 만났다. 그 환자를 불쌍히 여긴 예수는 그 환자에게 "네가 낫고자 하느냐?"라는 이상한 질문을 했다. 체념 상태에 있던 그 환자에게 이 질문을 통해 욕구를 새롭게 했던 것이다.

또한 예수는 바디매오라는 맹인을 만났을 때 "내가 네게 무엇을 하여 주기를 원하느냐?"라고 질문했다. 그 맹인은 "보기를 원합니다"라고 자신의 욕구를 분명히 말했다. 욕구가 분명해야 치료도 신속하게 이루어지는 것이다.

자신의 욕구를 모르는 것도 문제이지만 욕구가 너무 많아

정돈되지 않은 상태에 있는 것도 문제이다. 현대인들의 중요한 과제는 한없이 늘어나는 욕구를 어떻게 정리할 수 있느냐 하는 것이다.

중국의 제나라 사람에게 딸이 하나 있었다. 두 곳에서 혼담이 들어왔는데 동쪽에 사는 사람은 집안은 부자지만 얼굴이 못생겼고, 서쪽에 사는 남자는 얼굴은 잘생겼으나 가난했다. 그 부모는 딸에게 "네가 동쪽으로 시집을 가고 싶으면 왼손을 들고, 서쪽으로 시집을 가고 싶으면 오른손을 들어라"라고 말했다.

이 말을 들은 딸은 두 손을 다 들었다. 이것을 본 부모는 이상히 여겨 물으니, 그 딸은 "밥은 동쪽 집에 가서 먹고, 잠은 서쪽 집에 가서 자면 되지 않아요"라고 대답했다. 여기서 동가식서가숙(東家食西家宿)이란 말이 나왔다고 한다.

이런 경우 욕구를 정리해서 한쪽만 골라야 한다. 결혼 전에는 많은 사람과 교제를 해도 좋지만 일단 결혼 대상을 정하기 위해서는 자신의 다른 욕구를 접고 한 사람만 택해야 한다.

좋은 열매를 원하면 가지치기를 잘 해야 한다. 좋은 채소를 원하면 미리 많이 솎아내야 한다. 우리에게 다양한 욕구, 강력한 욕구가 있어도 중요한 것을 위해서 덜 중요한 것을 버릴 줄 아는 용기가 있어야 한다. 성숙한 사람은 자기의 많은 욕구 중 불필요한 욕구를 걸러내고 가장 중요한 욕구를 선택할 수 있는 능력이 있는 사람이다.

나 자신의 진정한 욕구는 무엇인가? 욕구 중에는 잠재된 욕구도 있고 느끼지 못하는 욕구도 있다. 그래서 사회복지에서는 수혜자들의 진정한 욕구 발견을 위하여 구체적인 방법을 쓰고 있는 것이다.

자신의 진정한 욕구를 발견하는 것은 매우 어렵고도 중요한 일이다. 여기에 '욕구를 분명히 밝혀내는 세 가지 기술'을 소개한다.

① 질문을 통해서

욕구를 분명히 하기 위해서 질문법을 사용하는 것이 효과적이다. 예를 들면 다음과 같은 것들이다.

- 내가 교양인으로서 읽어야 할 책들은 무엇인가.
- 필독도서 중 내가 아직 읽지 못한 책들은 무엇인가.
- 직장인들이 원활한 업무수행을 위해서 필요한 훈련은 무엇인가.
- 시간이 생기면 착수해야 할 일들은 무엇인가.

② 필기를 통해서

욕구를 분명히 하기 위해서 종이와 펜을 준비하여 적는 훈련을 하는 것이 좋다. 적는 일의 중요성은 매우 크다. 그것은 명확하고 논리적인 생각을 유발하며, 새로운 아이디어가 떠오르게 한다. 한번 기록한 것은 수정하기가 편리하며 기록 후에 참고자료로 보관할 수 있고 나중에 활용도 할 수 있다.

우선 자기가 하고 싶은 것을 다 적어본다. 회사에서 각 사원으로부터 훈련 욕구를 끌어내기 위해서 종이에다 배우고 싶은 것을 적어서 제출하도록 한다. 그 후 모아서 분류작업을 한다. 개인의 욕구일 경우에는 일생 동안 하고 싶은 것에서부터 오늘 하고 싶은 것에 이르기까지 한번 쭉 적어보라. 낙서를 해도 좋고 그림을 그려도 좋다.

③ 대화나 프레젠테이션을 통해서

나는 송구영신 모임 때 참석자들로 하여금 내년의 포부를 간단히 여러 사람 앞에서 말하도록 한다. 그래서 서로 각 사람의 욕구를 대략 파악할 수 있다. 이런 방식은 이해 증진에 도움이 되고 구체적으로 협조해 주어야 할 사항을 아는 데 도움이 된다.

7. 예측을 합리적으로 하라

예측하는 능력이 높은 사람일수록 미래의 시나리오를 정확하게 작성할 수 있다. 예측능력은 합리적으로 향상시킬 수 있다. 미래는 스스로 개척하는 것이다. 예측능력을 기름으로써 현실적인 목표를 세울 수 있고 미래의 기회를 더 잘 포착할 수도 있으며 뜻하지 않은 불행을 예방할 수 있다.

● **행운이나 기적, 낙관주의에 의지하면 안 된다**

목표 설정을 하는 사람은 스스로 자기의 미래를 개척하는 사람이다. 미래의 모습을 가능한 한 합리적으로 그려보아야 한다. 터무니없는 행운이나 미래는 항상 밝을 것이라는 장밋빛 환상만을 마음에 품고서 미래를 설계해서는 안 된다.

미래는 아직 오지 않았다. 그래서 미래의 전모를 알 수 없다. 미래는 여러 갈래로 온다. 그래서 우리는 다양한 미래의

모습을 상상해 볼 수 있다. 미래에 대해서 왜 예측을 해야 하는가? 그것은 예측이 지닌 다음과 같은 역할들 때문이다.

첫째, 예측은 우리에게 일어날 일들의 가능성을 말해줌으로써 보다 현실적으로 계획하는 데 도움을 준다. 또한 예측은 어떤 일은 일어나지 않는다는 것도 보여준다. 미래를 예측함으로써 우리가 허황된 목표를 설정하지 않게 해 준다. 그래서 사전에 자원과 노력의 낭비를 차단해 준다.

둘째, 예측은 미래 계획을 위한 의사결정의 최초의 과정이다. 어떤 형태로든 미래 예측을 하지 않으면 계획은 무용한 것이다.

셋째, 예측은 현재 어떤 행동을 취해야 할지를 분명하게 정해준다. 가장 적절한 행동이 무엇인지 연구하게 되고 미리 준비하게 된다.

넷째, 예측은 미래에 발생할지도 모르는 위기나 불행한 사태에 대해 대처할 수 있는 방법을 사전에 강구하게 한다. 우리가 내일을 조정할 수 있는 가능성은 미래가 어떻게 될 것이라는 추측과 오늘 어떤 적합한 행동을 해야 할까를 결정하는 정도에 달려 있다.

다섯째, 예측을 하지 않으면 개인의 목표나 기업의 목표가 무의미해진다. 그리고 사람들에게도 설득력 있게 제시하지 못한다. 미래가 모호해 보여도 어떤 형태로든지 예측을 해야 한다.

여섯째, 예측을 정확히 한다면 뜻하지 않은 행운을 잡을 수 있다.

일곱째, 예측은 개인의 미래 설계뿐만 아니라 가정, 단체, 국가의 미래 설계에 도움이 되며 평시뿐만 아니라 전시에도 유리한 행동을 취하게 한다.

● 예측하기 쉬운 것과 어려운 것

시간이 흘러감에 따라 자연히 결과가 생기는 것은 예측하기 쉽다. 예를 들면 중학교 1년생이 6년 있으면 대학에 입학한다는 것은 누구나 예측한다. 새로 공무원이 된 사람은 자기가 몇 년 후에 몇 급 정도에 머무를 것인지 거의 정확하게 예측한다. 결혼한 부부가 5년 안에 몇 명의 아이를 갖게 될 것도 쉽게 예측할 수 있다.

반면에 어떤 대학에 입학할 것인지, 어떤 배우자와 결혼할 것인지, 같은 직장에 몇 년 머무를 것인지는 예측하기가 비교적 어렵다.

조사에 의하면 대부분의 기업들은 미래의 경제적 상황이나 시장성은 잘 예측할 수 있어도 정치적 변동이나 경쟁자의 추적 등은 잘 예측하지 못한다고 한다. 미래는 불확실성으로 가득 차 있다. 천재지변, 뜻하지 않는 사고, 질병과 사망 등 예측하기 어려운 요소들이 대단히 많다.

또 아무리 예측능력이 뛰어난 사람이라도 실수하는 경우가 종종 있다. 미래에 대해서 말하는 사람은 거짓말을 하는 사람이라는 말이 있다. 물론 예측은 과학이 아니라는 사실을 받아들여야 한다. 그리고 예측한 일이 틀렸다고 해도 좌절할 필요는 없다.

그러나 우리의 경험이나, 육감이나, 점에 의지하는 것보다 합리적으로 예측하는 것이 미래를 대하는 데 바람직하고 안전한 방법이라는 것은 분명하다.

● 예측을 위한 세 가지 질문

다음의 세 가지 질문을 통해서 대략적으로 미래를 예측할 수 있다.

① 시간상으로 현재로부터 얼마나 멀리 떨어져 있는가

앞으로 1년 혹은 3년 후의 일이냐, 혹은 10년 후의 일이냐 하는 것이다. 시간적으로 멀리 떨어진 미래는 예측하기 어려워지며 불확실성과 애매성의 정도가 높아진다.

② 어느 방향으로 흘러가는가

예측하려면 방향에 관심을 가져야 한다. 이를테면 앞으로 생산성이 높아질까, 낮아질까, 아니면 현 상태로 유지될 것인가에 관심을 가져야 한다. 시간이 가면 경제적으로 점점 나아져야 하는 것이 정상인데 새로운 변수가 나타나서 경기가 퇴조하는 경우도 있다. 또한 주기적으로 그 방향이 변하는 경우도 있다. 이런 흐름의 본질을 파악하는 것이 중요하다.

③ 어느 정도의 폭으로 사건이나 상황이 변화될 것인가

시대가 흘러감에 따라 현재 존재하는 상품의 가치가 매우 퇴조할 수도 있고 오히려 더 빛을 발할 수도 있다. 아파트 값이 더 오를 수도 있고 더 폭락할 수도 있다. 직업의 선호도도 지금과 그때는 매우 다를지 모른다.

● 합리적인 예측을 하는 방법

미래에 영향을 주는 것은 과거와 현재의 잡다한 요소와 원인이며, 어느 단일적인 요소가 미래에 큰 영향을 주는 일은 거의 없다. 따라서 총체적인 사고를 갖고 미래를 예측해야 한다.

합리적인 예측을 하는 방법에는 여러 가지가 있다.

첫째, 예측하기 전에 유효한 정보를 많이 수집하여야 한다. 불필요한 정보는 합리적 예측을 하는 데 장애가 된다. 만약 5년 후의 상태를 예측하려면 각계의 전문가의 예견이나 매스컴에서 발표한 사항들을 참조하면 좋다. 그리고 각종 통계는 좋은 자료를 제공해 주는 것이다. 그래서 5년 후의 정치, 경제, 사회, 문화의 상태를 예측할 수 있다.

둘째, 어떤 구체적인 사항에 대해서 예측하려면 이에 관해서 과거에서부터 현재까지의 기록을 살펴보는 것이다. 즉, 비행구름을 살펴보는 것이다. 이것을 근거로 하면 맞는 경우도 생기고 틀리는 경우도 생긴다. 그러나 '과거에 증가한 비율대로 성장할 것이다', '과거보다 줄어들 것이다', '기하급수적으로 증가할 것이다'와 같은 가능성을 추정해 볼 수 있다.

미래의 사건은 현재와 과거에 발생한 사건으로부터 되어지는 경향이 많다. 무엇이 과거에 일어났으며 왜 그런 일이 일어났는가를 우선 알아야 한다. 과거의 전환점, 급격한 변화, 그리고 예상과는 다른 길로 가게 된 것을 철저하게 검토하는 것은 매우 유용하다. 이런 것을 알면 미래에 대한 합리적인 가설을 세울 수 있다.

많은 사람들이 기록 남기기를 싫어한다. 기록은 매우 중요한 가치가 있다. 그것은 계획을 세우는 데 귀한 참고자료가 될 뿐 아니라 시행착오를 예방해 준다. 생산을 하는 기업체일 경우는 과거의 통계, 금년 경향, 시장성 등을 분석한 과학적 예측을 해야 한다.

셋째, 과거의 역사를 살펴보는 것이다. 역사는 사람들의 삶의 이야기다. 그것은 성공한 일들과 실패한 일들을 보여준다. 역사는 인간의 유한함을 깨달으라고 우리에게 가르치기도 하고 불변하는 가치를 보여주기도 한다.

과거를 통해 원인과 결과를 잘 유추해 볼 수 있다. 과거와 비슷한 환경이 주어질 때 그 결과도 비슷할 것이라는 예측이 가능한 것이다.

넷째, 상상력을 통해서 미래 시나리오를 여러 개 작성해 봄으로써 합리적인 예측을 할 수 있다. 우선 미래는 과거와 현재의 연속성상에 있다고 가정을 해본다. 물론 조그만 변동 사항이나 방해가 있겠지만 이것을 무시해 버리고 대담하게 과거를 미래에 심어보는 것이다.

이런 생각은 단기적인 일을 예측할 때는 매우 유효하다. 특히 경제적인 변화는 비교적 점진적으로 변화되기 때문에 가까운 장래의 모습은 현재와 아주 흡사할 것이다. 반면에 상당히 멀리 떨어진 미래에는 지금보다 훨씬 급진적인 변화가 생겨날 것이다. 위험한 상황도 있겠지만 기회도 많이 포착될 것이다. 이런 경우 미래는 현재와 비교해서 전혀 다른 모습이 된다.

다섯째, 현재 포착하는 몇 가지 실마리와 징후를 살펴봄으로써 미래를 예측할 수 있다. 주변의 몇 가지 변화는 앞으로 큰 변화의 신호탄이 될 수 있다.

회사의 경우, 사원이 자기 자리를 자주 비우고 회의하는 수가 갑자기 많아지면 그 회사의 도산을 예고하는 징조라고 할 수 있다. 큰 병이 발생하기 전에 작은 징후들이 나타나는 것과 같이 이러한 작은 실마리들을 통하여 앞으로의 변화를 감지할 수 있다.

여섯째, 사람들의 심리적 변화를 고찰해 봄으로써 예측을 할 수 있다. 우리나라 사람들은 교육에 대해 유별난 관심을 갖고 있기 때문에 앞으로도 사교육과 조기 해외유학이 흥왕할 것이라고 예측할 수 있고, 시장 조사를 함으로써 사람들의 마음이 흘러가는 방향을 잘 파악할 수 있다.

일곱째, 자신의 현재 선택이 미래에 어떤 결과를 가져올지를 상상함으로써 예측을 할 수 있다. 10대에 음주, 흡연하는 사람이 있고 문신을 하는 사람이 있다. 그들이 40대나 50대에 어떤 모습이 될 것이라고 깊이 생각하면 올바른 예측을 할 수 있다.

요즘 사람들은 바쁘게 생활하다 보니 차분히 생각할 여유를 내지 못한다. 더욱이 미래에 대해서 생각하는 것도 힘겨워한다. 좀 여유시간을 갖고 자기 자신을 객관화하여 미래의 모습을 상상해 보아야 한다.

여덟째, 시인의 마음을 품고 미래상을 과감히 예견하는 것이다. 대부분의 경우 과학자의 마음을 가지고 미래를 예측하지만, 때로는 시인의 마음을 갖고 예측하는 것도 필요하다.

먼저 미래의 큰 목표를 설정해 두고, 그 미래에 도달하는 것을 전제로 하여 현재를 거기 맞추어 나간다는 목표의식적인 예측방법이다. 이것을 잘 활용한 것이 미국의 항공우주국의 우주개발기술이다. 그들은 이 규범적 기법에 의해서 아폴로 11호를 달세계에 착륙시킬 수 있었다.

너무 현실의 조건만 근거로 하여 예측을 하는 것은 잘못이다. 수백 년 전에는 교통수단이 아무리 발달해도 시속 32km를 넘지 못할 것이라고 예측했고, 처칠 수상은 원자탄이 제조될 가능성이 전혀 없다고 믿었다. 불과 100년 전만 하더라도 인간은 하늘을 날 수 없다고 믿었다. 그러나 이러한 예측은 세월이 지나자 모두 빗나갔다.

● 예측하는 힘을 꾸준히 길러라

철없는 어린이나 생각이 부족한 청소년, 그리고 충동적인 사람들은 예측하는 힘이 미약하다. 많은 범죄자들도 예측하는 힘이 부족해서 죄를 범하고 일생을 망친다. 물론 이런 부류의 사람들도 미래를 예측하기는 한다. 그러나 그들의 시야가 짧게 제한되어 있기 때문에 그들의 예측능력도 제한적이 되고 즉시적 결과에만 치중하게 된다.

예측능력을 키우려면 미래에 대해 생각할 시간을 자주 내야 한다. 많은 사람들이 일에 쫓겨 미래를 생각할 충분한 시간을 내지 못한다. 미래만 순수하게 생각하는 일에 단 30분도 할애하기가 어렵다고 한다. 그만큼 사람들은 조급증에 사로잡혀 있는 것이다. 시간을 내고 마음을 차분히 가라앉혀서 미래에 대해서 자주 생각해야 한다.

또한 판단력을 꾸준히 향상해야 하며 논리적인 생각을 키워야 한다. 그리고 결단력도 길러야 한다.

수년 전에 터키의 트로이에 가서 목마를 본 적이 있다. 3000년 전에 그리스와 트로이는 10년이 넘는 긴 전쟁을 하고 있었다. 트로이 요새는 너무 견고해서 난공불락이었다.

그래서 그리스는 목마를 만들어 트로이 성 밖에 놓아두었다. 트로이 사람들은 그것이 그리스 사람들이 화해하자고 보내는 선물인 줄 알고 축제를 벌이고 먹고 마셨다. 이런 잘못된 판단으로 인해서 트로이는 망하고 말았다.

만약 트로이 사람들이 10년간의 전쟁에서 그리스 사람들은 그들에게 증오와 분개의 감정만 가졌다는 것을 알았다면 트로이 목마가 속임수임을 알았을 것이고 돌이킬 수 없는 실수를 저지르지 않았을 것이다. 건전한 판단력이 올바른 예측을 가능하게 한다.

미래에는 통제할 수 없는 요소가 많다. 감당하기 어려운 위기도 발생한다. 그러나 예측하는 능력을 기른다면 보다 적절하게 행동을 취함으로써 미래를 잘 다스려 나갈 수 있다. 예측하는 힘을 기른다면 목표를 설정하거나 계획을 세우는 일을 보다 효과적으로 할 수 있다.

8. 장기목표와 단기목표 세우기

목표는 반드시 달성할 시점을 포함하고 있어야 한다. 그렇지 않으면 꿈이나 소원에 지나지 않게 된다. 이루고자 하는 시기와 사건을 고려해서 적합한 목표를 설정해야 한다.

● 목표 설정과 시간성

목표를 늦어도 언제까지 달성해야 한다고 정하는 것은 목표 설정의 중요한 요소이다.

목표의 달성 기한이 정해져 있지 않는 것은 소원이나 공상이지 목표가 아니다. 그리고 달성 기한을 정해야 무엇을 해야 할지 분명해지며, 긴장감이 생기게 되고, 목표를 향해 집중할 수 있게 된다.

달성해야 하는 시간상의 거리에 따라 목표를 다음과 같이 분류할 수 있다.

- 비전(vision) : 적어도 10년 혹은 그 이상을 바라보는 포괄적인 목표(어느 경우에는 자신의 생전에 이루어지지 않는다)
- 장기목표 : 3~5년 내에 달성 가능한 목표
- 중기목표 : 1~3년 내에 달성 가능한 목표
- 단기목표 : 1개월~1년 내에 달성 가능한 목표
- 즉시목표 : 1개월~1일 내에 달성 가능한 목표

이상과 같이 구분하는 것은 절대적인 기준이 있는 것은 아니다. 어떤 사람에게는 1년이 장기목표가 될 수 있고, 1주가 단기목표가 될 수 있다. 그 이유는 개인의 사정과 시대 상황이 각각 다르기 때문이다. 예를 들면 예전에는 5년 이상을 장기목표로 간주했었다. 그런데 시대가 무척 빨라진 지금에 있어서는 3년도 충분히 장기목표가 된다.

● 비전 설정

비전은 궁극적이고 장기적인 목표이다. 비전과 목표는 같은 방향으로 간다는 점에서 공통된다. 그러나 비전의 설정방법이나 달성 기간, 달성 가능성은 목표의 그것과 차이가 많다. 비전과 목표의 차이점을 다음과 같이 비교할 수 있다.

비 전	목 표
- 10년 혹은 그 이상으로 추구해야 할 결과	- 대개 5년 이하로 달성해야 할 결과
- 한번 설정하면 수정하기 곤란 (특히 회사나 국가의 비전)	- 상황에 따라 검토와 수정이 가능
- 궁극적으로 이루어야 할 단일한 결과	- 단기적으로 이루어야 할 단계들
- 설정하기 어려움	- 설정하기 비교적 쉬움
- 달성하기 어려움 (비현실적으로 보여짐)	- 달성하기 용이함 (현실적임)
- 창의적 사고(상상력)를 활용해서 설정함	- 논리적 사고를 사용해서 설정함
- 앞으로 나아갈 큰 방향을 제시	- 행동을 해야 할 구체적인 사항을 제시

비전은 다양한 목표들로 구성되어 있다고 할 수 있으며, 목표는 비전을 달성해 가는 하나의 단계라고도 할 수 있다. 이렇듯 비전과 목표는 밀접하게 연관되어 있다.

비전을 설정하는 데 필요한 사항은 다음과 같다.

첫째, 방해받지 않는 시간을 충분히 마련하여 자신의 과거를 종합적으로 분석하고 미래를 구체적으로 예측하여 자기에게 합당한 비전을 만든다. 과거에 대한 성공이나 실패를 모두 잊고 홀가분한 마음으로 미래를 바라보아야 한다. 옛날이 더 좋다는 생각이나 타성은 새로운 것을 시도하려는 마음을 강력히 제어하기 때문에 비전 설정에 큰 장애가 된다.

둘째, 자신이 일생동안 추구하는 궁극적 목표, 철학, 가치관, 신조와 일치하는 내용이어야 한다. 즉, 자신이 내적으로 깊이 갈망하는 것이 비전 설정의 근본 동기가 되어야 한다. 자신이 생전에 꼭 이루어야 할 꿈은 무엇인가를 분명히 정하는 것이다.

셋째, 장기간에 걸쳐 많은 노력이 투자되어 이루어져야 하므로 현재로는 달성하기 거의 불가능하게 보이는 모습이어야 한다. 쉽게 이루어질 것은 제외시켜야 한다. 따라서 자신이 생각할 수 있을 만큼 최대로 크게 생각해서 설정한다. 그러나 가급적 자기 대에 실현 가능성이 있는 것을 선택한다.

넷째, 과거와는 질적으로나 양적으로 탁월한 형태여야 한다. 매력이 없는 것은 비전으로서 합당하지 않다.

다섯째, 다른 사람의 비전을 모방해서는 안 된다. 개인의 고유성과 이미지에 부합해야 한다.

여섯째, 새 시대의 욕구에 맞아야 한다. 시대에 뒤지는 것은 결코 안 된다. 또한 현실을 유지하는 것이어도 안 된다. 미래의 욕구, 미래의 문제해결, 더 나은 미래 창조에 초점을 맞추어야 한다.

일곱째, 비전 서술문을 만든다. 예를 들어 "늦어도 15년 내에는 국내 3위권 내에 드는 노인복지시설을 설립한다" 또는 "늦어도 60세 이전에는 밀리언셀러 1권 이상을 저술한다" 등과 같이 문장으로 정리한다.

● 비전 설정을 하지 않는 사람

개인에게나 단체, 혹은 국가에게 비전의 중요성은 이루 말할 수 없이 크다. 그런데 많은 사람들이 비전을 설정하는 일에 대해 무지, 무감각, 무관심하다. 비전을 설정하지 않는 이유를 살펴보면 다음과 같다.

첫째, 비전을 중요하게 생각하지 않기 때문이다. 관심을 갖지 않는 일은 지나쳐 버리게 된다.

둘째, 현실을 유지하는 데 급급해서 비전에 대해서 생각할 여유가 없기 때문이다.

셋째, 육체와 정신이 피곤해서 차분하게 미래에 대해서 집중할 수 없기 때문이다.

넷째, 변화를 두려워하고 열정과 자신감이 없다. 자신감을 갖지 못하는 이유는 낮은 자존감, 열등의식 때문이다. 혹은 지금까지 이렇다할 성공을 해보지 못했기 때문이다.

다섯째, 스스로 자신의 인생을 개척하려는 의지가 없다. 그래서 다른 사람의 의견이나 주위 상황에 이끌려 살아가기 때문이다.

여섯째, 현실에 만족하거나 작은 성공에 만족하기 때문이다. 어느 정도의 수준에 도달하면 앞으로 더 나아가기를 멈추고자 하는 사람이 많다.

일곱째, 미래 창조와 자아혁신에 대한 신선한 자극을 받지 못하기 때문이다. 우물 안의 개구리와 같아서 더 넓은 세계가 있다는 것을 깨닫지 못하기 때문이다.

동화작가 정채봉의 잠언집에 이런 이야기가 나온다.

어느 날 제비가 비가 오니까 훨훨 날다가 동굴 속에 들어갔다. 거기엔 박쥐들이 많이 살고 있었다. 제비가 박쥐에게 "박쥐야 왜 너희는 이렇게 축축하고 깜깜한 동굴 속에 사니?"라고 물었다. 박쥐는 "밖은 위험해. 우리를 잡아먹는 동물이 많아. 매도, 독수리도 있다. 그래서 밤에만 몰래 나가서 음식을 좀 먹고 와서 이렇게 매달려 있는 거야"라고 대답했다.

이에 제비가 말하기를 "너희들은 창공을 모르는구나. 강남도 역시 모르겠구나. 그곳에는 사시사철 꽃이 만발하단다"라고 했다. 그러자 박쥐는 "정말 그런 데가 있어? 하지만 날아가다가 떨어지면 어떻게 해? 죽는단 말이야!"하며 고개를 저었다.

"그래, 떨어져 죽을 수도 있어. 그러나 나는 강남이 좋아서 간다. 잘 있어."라고 말하며 제비는 동굴을 떠났다.

사람도 마찬가지다. 아무리 설명해도 좁은 시야를 지닌 사람은 더 넓은 세계가 있다는 것을 모른다.

● 장기목표 설정

목표를 시간상으로 구분할 때는 장기목표가 단기목표보다 항상 우선적이다. 그리고 장기목표가 주목표이고, 단기목표가 부속목표이다. 장기목표를 먼저 세운 다음 단기목표를 세우는 것이 순리이다.

장기목표를 잘 세우면 많은 유익이 있다. 올바른 방향으로 가게 할 뿐만 아니라 실행과정에서 많은 시행착오를 예방할 수 있으며 일시적으로 실패하더라도 좌절감에 빠지는 것을 예방해 준다.

조용한 시간에 자기의 눈에 3년 안경, 혹은 5년 안경을 쓰고 3년이나 5년 후에 되어질 일을 상상해 보라.

과거의 경험을 분석하고 현재 상황을 검토하고 미래를 예측하여 현실적인 목표를 설정해야 한다. 자기가 현재 가지고 있는 자원의 분량을 확실히 하고 자기의 장점과 단점을 잘 알아서 너무 지나치거나 모자라지 않는 목표를 세워보자.

3년이나 4년 혹은 5년 안에 달성해야 하고 또한 달성할 수 있는 목표를 세우고 문장으로 적어본다.

예를 들어 "늦어도 3년 안에 동유럽의 다섯 국가를 관광한다"든지, "늦어도 5년 안에 직장에서 과장으로 승진한다"든지, "늦어도 4년 안에 은행대출 받은 금액 4,000만 원을 모두 갚는다"든지, "늦어도 4년 내에 사법고시에 합격한다"든지 자신의 장기목표를 쓰도록 한다.

● 단기목표 설정

1년 이내에 이루어질 내용을 단기목표로 간주한다. 단기목표는 그것 자체로는 하나의 독립된 목표이지만 장기목표와 연관해서 생각한다면 하나의 부속목표, 혹은 중간목표라고 할 수 있다.

단기목표는 '상당히 빨리 그 결과가 나타난다'는 것과 '실패나 위기가 닥칠 때 재빨리 그 방법을 변경할 수 있다'는 특징이 있다. 반면에 단기목표는 문제가 발생해도 진정한 징후를 알 수 없다.

단기목표가 달성된 것이 장기목표를 달성한다는 보증이 되는 것은 아니다. 시대의 조류가 유리하게 밀려왔든지, 일시적인 인기로 인해서 목표가 쉽게 달성되었는지 모르기 때문이다. 따라서 단기목표라고 해도 장기목표를 잃어서는 안 되는 것이다.

● 장기목표와 단기목표의 조화

장기목표와 단기목표를 조화시키면서 목표를 성취해 나가야 한다. 항상 장기목표가 우선이다. 그러나 장기목표와 단기목표를 골고루 바라보아야 한다. 왜냐하면 장기목표에만 치중하면 성공이 너무 멀고 어려워 보여서 좌절하기 쉽고, 단기목표에만 치중하면 그것을 달성한 후 그만두는 경향이 있다.

언제나 목표를 분명히 해야 한다. 오늘 창문을 닦아도 내일에는 먼지가 낄 수 있고, 오늘 맨 끈은 내일 풀어지기 쉽다. 목표도 정기적으로 재검토하고 늘 신선하게 유지해야 한다. 그리고 목표가 항상 활기찬 모습이 되도록 하라. 한번 세운 목표에 대해 강박증을 갖지 말고 변화에 대해 조정이 가능하도록 여지를 남겨놓아야 한다.

9. 일상목표, 문제해결 목표, 창의혁신 목표, 자기계발 목표 세우기

 승용차가 잘 굴러가기 위해서는 네 바퀴가 모두 기능을 잘 발휘해야 한다. 우리의 삶도 균형 있게 전진하기 위해서는 삶을 받쳐주는 네 가지 종류의 목표 즉 일상목표, 문제해결 목표, 창의혁신 목표, 자기계발 목표가 균형과 조화를 이루면서 나가야 한다.

● 일상목표 세우기

 개인이나 공동체가 정상적인 삶을 영위해 나가기 위해서 기본적으로 성취해 나가야 하는 목표들이 있다. 일상을 잘 꾸려나가는 것은 평범해 보이지만 실상은 위대한 일이다. 특히 사회가 불안정할 때 그런 능력은 더욱 빛난다. 어떤 상황에도 안정과 평형을 유지할 수 있다면 큰 비전을 향하여 일관성 있게 나갈 수 있다.

열차가 궤도 위를 정상적으로 운영하는 것을 일상목표라고 비유한다면, 문제해결의 목표는 그 열차가 탈선하거나 사고가 나거나 종업원들의 파업 등으로 인해서 정상운행이 안 될 때 취해야 하는 목표이다.

다음에 제시하는 것들이 일상목표라고 할 수 있다.

- 매일 일과표를 작성한다.
- 하루에 40분 이상 걸어 출근한다.
- 매일 최소한 물을 6잔 마신다.
- 최소한 월 300만 원의 생활비를 마련한다.
- 최소한 월 1회 온 가족이 외식을 한다.
- 최소한 하루 1시간 배우자와 대화를 나눈다.
- 최소한 3개월에 1회, 친부모님 혹은 배우자 부모님을 찾아뵙는다.
- 한 달 매상액 평균 2,000만 원을 올린다.
- 대학생활 4년간 평균 A학점을 유지한다(대학 신입생).
- 매일 1시간 요가를 한다.
- 매일 2시간 집필한다(작가).
- 매일 에세이 한 편을 완성한다(고교생).
- 매일 3시간 피아노 연습을 한다(피아니스트).

- 한 달에 최소한 3권의 책을 출판한다(출판사).
- 매월 일정한 날에 직원들에게 월급을 지급한다(기업체).
- 주 4회의 설교 준비를 한다(성직자).
- 미국에 있는 친구에게 최소한 월 1회 전화 혹은 이메일로 연락한다.
- 매년 1회의 계획회의, 1회의 평가회의를 갖는다.
- 매주 1회 이상, 종교모임에 빠지지 않고 참석한다.

이상의 예들을 보면 특정한 목표라기보다는 일의 과정이나 활동처럼 보인다. 우리는 일상적인 일에 너무 익숙해 있어서 생각하지 않고 행동하기 쉽다.

그러나 평범하게 보이는 일도 목표로 설정해 놓는다면 무슨 일을 해야 할지 분명히 알게 되고 일의 신선도와 능률을 훨씬 향상시킬 수 있다. 그러면 더 구체적이고 정확하게 살아갈 수 있다.

일상목표를 작성하기 위해서는 우선 자신의 위치와 역할과 책임을 인식해야 한다. 그리고 나 자신이 기본적으로 해야 할 것이 무엇인지를 파악해야 한다.

자기 스스로 어떤 표준을 정해야 한다. 이 표준은 개인마다 다르다. 남에게 훌륭해 보이는 표준이 자기에게도 똑같이 훌륭하다고 볼 수 없다. 그래서 부화뇌동(附和雷同)해서는 안 되는 것이다. 자기 분수에 맞는 표준을 세워야 한다.

어떤 질투와 소유욕이 많은 부인은 남이 자기보다 나은 물건을 사면 빚을 내서라도 그것을 사야 직성이 풀린다고 말한다. 이 부인은 자기 분수를 모르는 것이다. 항상 필요와 욕망을 구분할 줄 알아야 한다.

사람은 감정에 지배를 많이 받기 때문에 자신에게 유익한 보편타당한 표준을 정하는 것은 쉽지 않다. 그러나 분명한 표준을 정해야 일관성 있게 행동할 수 있고, 목표가 빗나가는 것을 깨달을 수 있다.

어떤 생산회사의 감독관은 다음과 같은 행동표준을 가지고 있다.

- 매일 작업 지시사항을 작성한다.
- 회사의 정책서술문을 늘 소지한다.
- 작업시간, 검사, 생산보고서 등을 읽고 서명한다.
- 부품의 재고관리를 한다.

우리의 상황은 변하기 마련이므로 일상목표를 때때로 점검해야 하고 수정해야 한다. 안정과 유지에만 급급하면 시대에 적응할 수 없고 발전할 수도 없다는 것을 알아야 한다. 그렇다고 매사에 개혁만 너무 강조하면 기본 틀이 무너지게 되어 역시 위기가 닥친다.

변화를 무서워하고 너무 현상유지에만 만족하면 자율성과 창의성이 약해지므로 일상을 잘 유지하는 것과 일상을 끊임없이 개혁해 나가는 것 사이가 적절한 균형을 이루어야 점진적으로 발전하는 삶을 살 수 있다.

● 문제해결 목표 세우기

우리는 문제와 더불어 살아간다. 우리가 대기 속에서 살아가듯이 일생동안 문제 속에서 살아가는 것이다.

골프경기를 할 때 예기치 않은 일이 닥치는 것을 누구나 경험한다. 자신이 원하는 만큼 공이 나가지 않을 뿐 아니라 엉뚱한 지점에 공이 떨어져서 당황하기도 한다. 심지어 공을 잃어버리는 수도 있다. 그래서 매 동작마다 신중하게 하지 않으면 안 된다.

인생의 앞길에도 끊임없이 문제가 나타나서 이를 해결하지 않고서는 정상적인 방향으로 갈 수 없게 된다. 문제란 무엇인가? 문제는 '바람직한 성취 즉, 목표로부터 이탈되는 사건'이라고 정의한다.

문제가 발생하는 것을 재수 없다고 생각해서는 안 된다. 문제가 있어야 더욱 창의성을 발휘하게 되고 인내하게 되며 더 발전하게 되기도 하기 때문에 오히려 환영해야 한다.

신약성서에는 이런 말씀이 기록되어 있다.

"나의 형제자매 여러분, 여러 가지 시험에 빠질 때에 그것을 더할 나위 없는 기쁨으로 생각하십시오. 여러분은 믿음의 시련이 인내를 낳는다는 것을 알고 있습니다. 여러분은 인내력을 충분히 발휘하여 조금도 부족함이 없이 완전하고 성숙한 사람이 되십시오."(야고보서 1:2-4)

문제가 없으면 고통도 없겠지만 발전하지도 못한다. 그런데 문제를 느껴야 하는 주체인 당사자가 문제라고 생각하지 않으면 그 사람에게는 문제가 존재하지 않는 것과 같다. 심각한 문제가 발생했는데 그것에 대해 불감증을 가지고 있기 때문에 아무 행동을 취하려고 들지 않는 것은 더 큰 문제를 야기하고야 만다. 그러므로 문제를 발견하고 문제를 옳게 표현해야 한다.

어떻게 문제해결의 목표를 세울 수 있는가?

우선 문제의 정체를 확실히 규정해야 한다. 문제의 속성 중의 하나는 애매함이다. 또 다른 성격은 무질서, 즉 혼란함이다. 문제를 분명하고 질서 있는 형태로 만들 수 있다면 문제해결의 실마리를 잡은 것이다. "○○○이 문제이다"라고 확실히 규정할 수 있어야 한다.

우리는 문제를 확실히 규정하지 않은 채 막연한 불안감을 가지고 살아갈 때가 너무 많다. 문제를 분명히 하기 위해서는 추측이 아닌 명확한 사실을 근거로 하여 판단해야 한다. 우리는 추측과 사실을 혼동하기 때문에 필요 없는 근심을 하는 것이다. 사실만 알면 근심거리를 훨씬 줄일 수 있다.

다음으로는 문제를 목표로 변경시키는 것이다. 문제를 목표로 전환시킬 수 있다면 해결의 가능성을 대단히 증가시킬 수 있다. 이미 반은 해결된 것이라고 할 수 있다.

문제해결의 목표의 예는 다음과 같은 것들이다.

- 적어도 1년 안에 안정된 직업을 찾는다.
- 올해 안에 금연(금주)을 한다.
- 일주일 중에 하루는 TV를 끈다.
- 늦어도 올해 전반기에는 1종 운전면허를 딴다.
- 6개월 동안 컴퓨터를 배워서 컴맹에서 벗어난다.
- 체중 감량을 위해서 현재 식사량의 50%를 줄인다.
- 적어도 3년 안에 34평의 아파트를 구입해서 이사한다.
- 현재 체중 75kg을 12개월 내에 65kg으로 줄인다.
- 현재 갖고 있는 빚 2,000만 원을 5년 내에 갚는다.
- 현재 부동산에 관한 과세부담을 1년 내에 50% 완화시킨다.
- 실수하는 비율을 50% 이상 줄인다.
- 과속 스티커 받는 비율을 0%로 줄인다.

 자신의 악습을 줄여나가거나 끊기 위해서도 문제해결 목표를 세우는 것이 효과적이다. 오랫동안 고질화된 악습은 끊기가 상당히 어려울 것이다. 그럴지라도 효과적으로 목표를 세우고 작심삼일하지 않고 나가면 반드시 좋은 결과를 거두게 된다.

창의혁신 목표 세우기

우리의 일상생활을 살펴보면 대부분이 반복되는 일임을 알게 될 것이다. 일어나서 식사하고 일터로 가서 일을 하고 귀가해서 잠을 잔다. 주말에는 잠을 충분히 자거나 TV를 시청하면서 소일한다. 날마다 새로운 일이란 그리 흔하지 않다.

그러나 이러한 반복되는 삶 가운데 창의성이 발휘될 때 삶에 변화를 일으켜 개인이 성장하고 사회도 발전하는 것이다. 창의성은 우리의 삶에 다양하게 영향을 미친다. 학업, 가정생활, 직장생활, 인간관계, 시간관리, 물질관리, 종교생활 등 적용되지 않는 영역이 없다. 창의성은 삶에 새로운 빛과 무한한 영감을 준다.

역사를 이끌어온 사람들은 창의성이 매우 뛰어났다. 그 나머지의 사람들은 창의적인 사람이 심은 나무에서 실과를 따 먹고 사는 것이다. 물론 창의성 개발은 하루아침에 이루어지지 않지만 일상생활 속에서 다음과 같은 노력을 하면 창의성을 키울 수 있다.

· 사물에 대해 호기심을 갖고 '왜'라는 질문을 자주한다.

- 심사숙고하는 습관을 지닌다.
- 매사에 목표의식을 갖는다.
- 고정관념을 없애고 마음을 비운다. 그리고 과거와 전혀 다른 시각으로 사물을 바라본다.
- 아이디어가 떠오를 때마다 종이에 적는다.
- 신선한 자극을 자주 받는다. 독서, 견학, TV 시청, 목적 있는 여행, 강연, 전문가와의 대화, 새로운 문화를 접촉하는 것 등으로 견문을 넓힌다.
- 평소와 다른 방식으로 해본다. 왼손으로 식사하기, 다른 길로 가 보기, 평소 보지 않던 TV 프로그램 시청하기, 새로운 음식점에 가기 등을 해본다.
- 별난 존재가 되는 용기를 갖는다. 자신의 삶이 발전하려면 때로는 엉뚱한 생각과 행동을 해야 한다.

스위스는 200년 전에 활동한 페스탈로치의 교육철학에 따라 교육을 실시해 오고 있다. 그의 교육철학은 "모든 사람은 각자의 재능에 따라 차별화된 교육을 받을 권한이 있다"는 것이다.

창의성을 말살하는 평준화 교육, 풀빵을 찍어내는 것과 같은 교육은 미래가 전혀 없는 것이다. 개인에 있어서도 생각하지 않고 사는 사람에게는 미래가 없다.

창의혁신 목표는 다음과 같은 것들이다.

- 1년 내에 새로운 요리 기술 3가지를 습득한다.
- 1년 내에 처음으로 시집(詩集)을 낸다.
- 6개월 내에 개성 있는 홈페이지를 만든다.
- 1년 내에 인터넷으로 사업을 한 가지 시작한다.
- 매일 새로운 아이디어 3건을 제출한다.
- 첼로를 배워서 5년 이내에 독주할 수 있는 실력을 기른다.
- 전혀 모르는 노래 10곡을 연말까지 익힌다.
- 취미 교실에 참석하여 새로운 친구 5명을 사귄다.
- 연말에 온 식구들을 위한 특별이벤트를 마련한다.
- 3년 내에 문화기행 여행 30곳을 간다.

인간의 타성이란 정말 끈질긴 것이다. 굳은 결심과 의지를 가지고 있어도 하루아침에 많은 것을 변화시킬 수 없다. 그러나 조금씩은 변화시킬 수 있다. 변화에 대한 분명한 목표와 의지를 가지고 조금씩 개혁해 나간다면 어느 날 자신도 놀랄 만큼 크게 변화되어 있음을 발견하게 될 것이다.

● 자기계발 목표 세우기

 자기계발 목표는 창의혁신 목표와 관련이 깊다. 목표를 세우고 달성해 가는 주체는 다름 아닌 자기 자신이다. 자신의 능력이 향상되어야 목표에 관한 모든 것들이 향상된다.

 인간의 가장 고상한 욕구는 자아실현의 욕구이다. 즉, 자신의 가능성을 최대로 발휘하고 싶은 욕구이다. 그러나 욕구만 있다고 이루어지는 것이 아니라 효과적으로 목표를 세우고 꾸준히 실행해야 가능해지는 것이다.

 삶을 유지하며, 직면하는 모든 문제를 해결하며, 새로운 것을 생산하게 하는 것은 부단한 자기계발을 통해서만 가능한 것이다.

 롱런하는 기업을 살펴보면 사람에 대해 부단히 교육, 훈련, 혁신을 멈추지 않는다는 것을 발견할 것이다. 미래에 대한 모든 투자 중에서 사람에게 투자하는 것보다 더 가치 있고 확실한 방법은 없다.

 개인도 자신에게 투자하는 것을 게을리 하면 안 된다. 황금사과나무를 잘 키우면 황금사과를 계속 딸 수 있는 것과 같이 자기계발에 힘쓰는 사람은 귀한 열매를 거두게 되며 그것을 즐기게 될 것이다.

　자기계발을 하지 않는 사람은 자기 경험에만 의지해서 살아가려고 하기 때문에 교만하고 독선적이 되기 쉽다. 그러면 자기에게도 덕스럽지 못하고 다른 사람에게도 유익을 주지 못한다. 진정으로 자기를 사랑하는 길은 부단히 자아혁신을 하는 것이다.

　행복하고 생기발랄하게 사는 사람들은 자기 재능과 취미, 전문지식과 기술의 영역을 계속 넓혀 나가는 사람들이다. 자기계발의 목표와 전략이 뚜렷한 사람들인 것이다.

　평소에 부단히 자기계발에 힘쓰는 사람이 앞으로 좋은 기회를 포착할 수 있다. 기회와 행운은 우리 인생길에 수없이 깔려 있으나 준비된 사람만이 그것들을 잡을 수 있다. 자신의 행운은 바로 자신이 만드는 것임을 기억해야 한다.

　영국의 나이팅게일은 "사람이 5년 동안 같은 주제에 대해 매일 1시간만 투자한다면 반드시 그 주제에 관한 전문가가 될 것이다"라고 말했다.

　자기계발의 범위와 방법은 대단히 폭이 넓다. 그러므로 두 가지의 큰 초점을 가지고 자기계발을 해야 한다. 하나는 '전문성 향상(specialist)'이고, 다른 하나는 '일반성 향상(generalist)'이다.

자기계발 목표의 예는 다음과 같다.

- 늦어도 30세 전까지는 3개 외국어를 통달한다.
- 앞으로 5년 안에 내 분야에서 전문가라는 소리를 듣는다.
- 내 분야에 관한 전문서적을 10년 내에 한 권 이상 펴낸다.
- 매달 3개의 저널을 구독한다.
- 매일 5개의 신문을 구독한다.
- 매년 적어도 100권의 교양도서를 읽는다.
- 매년 4차례의 세미나에 참석한다.
- 매년 연구논문을 3편 이상 쓴다.
- 가치 있는 강연, 영감 넘치는 설교, 감동적인 영화 등을 연 50회 이상 접한다.
- 대학 부설 평생교육원에 등록하여 관심 있는 과목을 습득한다.
- 내 전문성이 필요한 곳에 연 100시간의 자원봉사 활동을 나간다.

늘 자기계발에 대해서 관심을 갖고 노력해야 한다. 자기계발이 생활의 한 부분이 되어야 한다.

《살며 사랑하며 배우며》의 저자 레오 버스카글리아는 소년시절부터 지녀온 습관이 있었는데 그것은 취침하기 전에 "오늘은 내가 뭘 배웠지?"라고 물어보는 습관이었다.

이런 특이한 습관은 그의 아버지에게 영향을 받은 것이다. 그의 아버지는 전형적인 이탈리아 사람이었으며, 초등학교 5학년밖에 다니지 못했으나 학습에 대해서 대단한 열정이 있는 사람이었다.

그는 매일 저녁 식탁에서 온 식구들에게 "오늘 새로 배운 것은 무엇이지?"라는 질문을 했다. 그러면 부인과 자녀들은 한 가지 이상 꼭 대답을 해야 했다. 혹시 배운 것이 없다고 말하면 꾸중을 들었고, 한 가지라도 대답을 하지 못하면 식사를 하지 못했다.

그렇게 하니 식구들은 그날 하루 배운 일과 경험한 일을 조리 있게 말하지 않으면 안 되었다. 아버지는 그 이야기를 듣고 잘 평가해 주었다. 어떤 때는 꾸짖기도 했다. 이런 일을 계속하니 모든 식구들은 많은 지식을 얻게 되었을 뿐 아니라 건전한 가치관을 갖게 되었다.

배우고자 하는 목적만 뚜렷하면 열악한 환경 속에서도 훌륭한 학습을 할 수 있다. 남아프리카공화국의 대통령이었던 넬슨 만델라가 좋은 예이다. 그는 27년 동안 감옥에 있었는데 같은 방에서 복역하고 있는 동료들에게 매일 한 가지 주제를 연구해서 발표하게 하였다. 그 내용을 가지고 서로 토론하였다. 이렇게 그는 감옥에서 무료하게 시간을 보내지 않고 날마다 새로운 것을 배워 갔던 것이다.

자기계발은 지속적이어야 한다. 자신의 생명이 다할 때까지 늘 자아혁신을 해야 한다.

미국 등 선진국에서는 사람의 경력을 볼 때 그가 최근에 어떤 저서를 냈고 어떤 직위에 있었는지에 대해 관심을 갖는다. 이에 반하여 우리나라의 경우는 그가 어떤 학교를 나왔고 어떤 학위를 받았느냐에 관심을 갖는다.

오래 전에 명문대학을 나왔어도 최근에 연구나 활동실적이 없으면 별로 인정해주지 않는 외국의 관례가 더 낫지 않을까? 아무리 명문대학을 나왔어도 자기계발에 힘쓰지 않으면 5년 후에는 평범한 사람으로 변하게 된다.

자기계발에 힘쓰지 않는 사람은 무모한 사람이다. 투자하지도 않고 거두려는 사람인 것이다.

10. 목표를 적절하게 조정하라

삶은 고정적인 것이 아니고 역동적이며 변화무쌍한 것이다. 아무리 목표를 잘 설정했다 할지라도 상황에 따라 그것을 잘 조정해 나가야만 한다. 목표를 잘 다스리는 기술을 배워야 한다.

● **늘 자기 목표를 확인하라**

지난 2004년 아테네 올림픽 때, 미국의 사격선수 매튜 에먼스는 결승에서 선두였었다. 그런데 마지막 한 발을 옆 선수의 표적에 쏘는 바람에 졸지에 8위로 추락했다. 얼마나 안타까웠을까. 단 한 번의 실수로 손에 잡혔던 금메달을 놓치게 되는 실수를 범했던 것이다. 아무리 급해도 남의 표적에 쏘면 안 된다. 늘 자기 표적을 확인해야 한다.

나는 군인시절 논산훈련소 사격을 담당하는 부대인 교도

대에 근무한 적이 있다. 사격장에서 훈련병들이 사격훈련을 할 때 어떤 훈련병은 다른 사람의 표적에 총을 쏘아 자기는 낙제하고 다른 사람은 만점도 넘는 우스운 일이 종종 발생하곤 했다. 너무 긴장하다 보니 때로는 자신의 표적을 잃고 다른 표적에 총을 쏘게 된 것이다.

자기 딴에는 훌륭한 목표를 정했다고 생각하지만 보편타당하지 않은 목표이거나 오히려 자신에게 해가 되는 목표가 얼마든지 존재할 수 있다. 이런 목표는 진정한 자기 목표가 아니라 허위 목표라고 할 수 있다. 이런 목표를 가지고 평생을 살아간다면 평생을 불행 속에서 헤쳐 나올 수 없다.

목표가 잘못되면 모든 것이 잘못되는 것이다. 마치 잘못된 길에 들어는 것과 같다. 그러므로 목표를 이미 설정했어도 "과연 이것이 나의 진정한 목표인가"라고 확인하는 습관이 있어야 한다.

내가 아는 사람 중에 국회의원에 다섯 번 출마해서 다섯 번 모두 낙선한 사람이 있다. 그는 있는 재산 다 날리고 많은 빚을 졌다. 우울증에 걸린 그는 가끔 하늘을 쳐다보고 '국회의원 당선!'이라고 혼잣말로 뇌까린다고 한다. 아직도 미련을 버리지 못한 모양이다.

카지노에 손을 댔다가 졸지에 재산을 모두 날린 사람 중에는 여전히 허황된 목표를 버리지 못하고 카지노 도박장 근처에 머무르면서 전전긍긍하는 사람이 많이 있다. 이들은 처음부터 잘못된 목표를 가지고 있었다. 과거의 실패 경험을 완전히 잊고 새로운 목표를 찾지 않으면 희망이 없다.

어느 일간지에 '미스코리아 대학강사' 라는 제목의 기사가 실렸다.

그 기사의 주인공은 대학교 3학년 시절 '대학을 졸업하면 뭐하지?' 라는 고민을 했었다. 그러다가 어느 날 미장원에 들렸는데 그곳 미용사로부터 미스코리아에 한번 나가보라는 권유를 받았다. 그녀는 시험 삼아서 그 대회에 나갔는데 상상도 못했던 '미스코리아 진' 으로 당선되어 일약 스타가 되었다.

그 후 그녀는 TV에 출연하고, MC도 맡고, 어설프지만 탤런트 생활도 했다. 하지만 5년 만에 모든 것을 중단했다. 그 이유는 자신이 하고 있는 그 일이 평생 잘 할 수 있는 일이 아니었기 때문에 불안감이 가중되었던 것이다.

그녀는 말하기를 "도저히 자신의 바람직한 미래상이 그려지지 않았다"고 한다. 그래서 석사과정을 마치고 박사과정에 들어갔고 1년 전부터 두 개의 대학에 시간강사를 맡아서 강의하고 있다고 한다. 비로소 자신의 목표를 찾은 것이다.

이렇게 다른 사람이 보기에 화려한 것 같아도 자신의 진정한 목표가 아니라면 과감하게 청산하는 결단력이 필요하다.

이솝 우화 중에 나오는 '토끼와 거북이의 경주 이야기'는 조금도 과장된 이야기가 아니라 사실을 말하고 있는 것이다. 토끼는 시속 78km이고, 거북이는 시속 3km이다. 이 두 동물의 달리기 실력을 객관적으로 평가해보면 거북이는 토끼를 이길 수 없다.

그런데 실제는 다르다는 것이다. 얼마 전 서울의 어느 고등학교 학습시간에 거북이와 토끼가 경기하도록 실습을 해보았다. 거북이는 느리지만 목표를 향해 한 방향을 향해서 꾸준히 가는 반면에 토끼는 어느 한곳에 집중하지 못하고 자꾸 방향을 바꾸었기 때문에 결국은 거북이가 토끼를 이기더라는 것이다.

이것은 우리에게 하나의 진실을 말해주고 있다. 즉, 목표가 없거나 목표를 자주 바꾸는 사람은 어떤 성공도 이룰 수 없다는 것을 알려주고 있다.

대학을 졸업했어도 이렇다할 직장이 없는 것도 문제지만, 직장을 자주 바꾸는 것도 문제이다. 심지어 1년에 한 번씩 직장을 바꾸는 사람이 있는데 이렇게 되면 자기 발전을 하지 못할 뿐 아니라 자기 가족들도 불안해한다.

노벨상을 받은 사람들을 연구해보니 그들은 다른 사람들보다 지능지수가 뛰어난 사람들이 아니라 어느 한 가지 분야를 정해서 꾸준히 연구하여 확실한 성과로 매듭을 지은 사람들이라고 한다.

● 거대한 목표를 달성하려면 이렇게 하라

목표를 설정하기 위해서는 먼저 크게 생각하고 목표치를 자신의 능력보다 조금 높이 잡는 것이 필요하다.

청소년이나 청년들은 좀 무모하리만치 큰 목표를 세울 필요가 있다. 젊은 사람들이 돌다리를 두드려보며 이것저것 재면서 목표를 세우는 것은 애늙은이 같아서 보기에 민망하다. 발전을 위해서는 어느 정도의 모험은 필요한 것이다.

그러나 노인들이 마치 청년처럼 큰 야심을 갖고 원대한 목표를 세우는 것은 지혜롭지 못하다. 노인들은 그 누구보다도 달성 가능한 목표를 세워야 한다.

일본의 작가 시오노 나나미는 《로마인 이야기》라는 시리즈를 최근에 모두 완간했다. 그 책을 쓰게 된 동기는 모든 인종이 같이 평화롭게 살던 시대가 있었다는 사실을 알리고 싶어서라고 한다. 종교도 다르고, 취향도 다르고, 음식도 다른 그런 사람들이 로마세계 안에서 같이 모여 살았던 시대가 있었다는 것이다.

시오노 나나미는 《로마인 이야기》를 15권으로 완성하기로 목표를 정했다. 이 목표는 실로 거창한 목표였다. 그녀는 매년 1권씩 15년간에 쓰기로 세부목표를 세웠다. 그리고 나서 15년간을 그 목표에만 매진하였다. 심지어는 병이라도 발견될까 두려워 의사를 일부러 안 만나기까지 했다고 한다.

큰 목표는 작게 나누면 훨씬 다스리기 쉬워진다. 자신이 다스릴 만한 크기의 현실적인 목표를 세울 수 있다면 무슨 목표든지 실현할 수 있다.

그러면 거대한 목표를 어떻게 효과적으로 달성해 나갈 수 있는지 그 방법을 소개하겠다.

① 공상인가, 비전인가를 구별한다

우선 자신의 목표가 공상인가, 비전인가를 구별해야 한다. 아무리 노력해도 결코 이룰 수 없는 환상이 있으며, 최대한 노력과 시간을 들이고 다른 사람의 협조를 얻어 달성할 수 있는 목표가 있다. 불가능한 일에 계속 매달리는 것은 어리석은 일이다.

헛된 목표를 추구하는 사람은 사막의 신기루에 홀리는 사람과 같다. 그런데 너무 어렵다고 해서 쉽게 포기하는 것도 바람직하지 않다. 때로는 불가능하게 보이는 일이 많은 기회와 행운을 가져다 주는 경우도 있고, 꿈 같던 일이 실제로 이뤄지는 경우도 적지 않다. 기업가들은 가능성이 30%만 있어도 새로 도전한다고 한다.

② 목표의 실체의 크기가 얼마나 되는지 파악한다

도전하고자 하는 거대한 목표의 실체의 크기가 얼마나 되는지 파악하도록 하라. 그 목표에 도전한다면 얼마나 시간과 자본과 인력이 소요될 것인지 예측해 보라. 목표의 실체를 무시하고 의욕만 앞세워 무조건 행동해서는 안 된다.

시오노 나나미는 《로마인 이야기》를 쓰기 전에 철저한 자료준비와 현지답사를 했다. 30년간 로마와 르네상스 시대를 독학하기도 했다. 그는 자기가 쓸 책을 위해서 어느 정도 노력이 필요하다는 것을 잘 파악했던 것이다.

③ 실천 가능한 단위로 세분화한다

거대한 목표는 실천 가능한 단위로 세분화해야 한다. 큰 덩어리의 고기를 한 입에 넣고 먹을 수 없지만 한 입 크기로

잘게 썰어 먹으면 아무리 큰 덩어리라도 다 먹을 수 있는 이치와 같다. 작게 나누어 실천 계획을 세우는 사람은 지혜로운 사람이다.

큰 건물도 그 건물을 세우기 위해 벽돌 한 장에서 시작된다. 매우 두꺼운 부피의 책을 쓰기 위해서도 한 페이지 쓰기로부터 시작된다. 위대한 작곡도 한 소절의 작곡으로부터 시작된다. 거대한 프로젝트도 작은 단위로 나누면 무엇을 해야 할지 분명해지고 달성 가능성이 높아진다.

④ 마감시일을 급하지 않게 잡는다

달성하기 어려운 목표라면 마감시일을 늘려 잡는 것도 하나의 방법이다. 이렇게 하면 여유를 갖고 서둘지 않고도 많은 일을 할 수 있다. 현재 자원의 부족, 시간의 부족 등 상황이 좋지 않다면 시간을 늘려 잡아 무리하지 않게 진행하는 것이 바람직하다.

⑤ 목표의 수치를 너무 높게 잡지 않는다

목표의 숫자를 줄여야 한다. 목표의 숫자가 너무 많은 것은 비현실적인 것이다. 제한된 시간에 이것저것 모두 하려는 생각은 현명하지 않다. 선택과 집중이 필요하다. 단순한 목표, 핵심 목표가 힘을 발휘하게 된다.

⑥ 다른 사람의 목표와 비교하지 않는다

다른 사람의 목표와 비교해서 자신의 목표를 설정해서는 안 된다. 때로는 다른 사람과 경쟁하는 것이 자신을 분발하게 할 수도 있고 좋은 성과를 내기도 한다. 하지만 늘 다른 사람과 비교하는 것은 자신을 피곤하게 만든다.

그러므로 자기 자신과 경쟁하는 것이 바람직하다. 보다 나은 미래를 향하여 끊임없이 현재 상태를 개선해 나간다는 태도를 지니는 것이 좋다.

목표 간의 갈등을 조정하라

자신이 세운 목표들 사이에 갈등이 일어날 수 있다. 이것을 해결하는 비결은 무엇이 더 중요한 목표인지 우선순위를 올바로 결정하는 것이다. 그렇게만 할 수 있다면 목표의 교통정리를 할 수 있어서 목표 사이의 갈등이 해소된다.

우선순위 감각이 미약한 사람은 자신에게 닥치는 많은 사항이 동일하게 중요하다고 생각한다. 하지만 선택과 집중의 원리에 따라서 우선순위를 올바로 정할 수 있다.

또한 자신의 목표와 가족의 목표 사이, 혹은 자신의 목표와 직장의 목표가 서로 상충되는 경우가 있다. 노사 간의 갈등도 양자의 목표가 서로 일치하지 못하기 때문에 생긴다. 서로 다른 목표들 간의 갈등을 최소화시키고 균형과 조화를 이루게 할 수만 있다면 얼마나 큰 성취를 할 수 있겠는가.

사람들 사이에서 목표를 일치시키기란 쉽지 않다. 그 원인은 사람의 가치관이 각각 다를 뿐만 아니라 사람들이 모두 자신의 이익을 추구하려고 하기 때문이다. 그러므로 나 자신의 목표와 다른 사람의 목표 사이에서 어떤 공통점을 찾아내야 한다. 처음에는 힘들더라도 그것들을 찾아내려고 노력한다면 아주 작은 것이라도 찾아낼 수 있다.

다른 사람의 목표를 이해할 수 있는 관용을 가져야 하는 것이다. 다른 사람의 말을 경청하고 그의 목표에 관심을 기울일 마음의 자세가 있어야 한다. 이런 노력이 긍정적인 결과를 이끌어낼 수 있다.

최근 도요다자동차의 미국 판매량이 일본 국내 판매량을 앞섰다는 보도를 들었다. 도요다자동차는 수년 전부터 '임금동결'이라는 회사가 내건 목표를 전 직원이 동의함으로써 승승장구하게 된 것이다.

이처럼 강한 회사가 되기 위해서는 먼저 바람직한 회사목표를 설정하고, 다음으로는 그 목표를 모든 사원들이 공감하고 공유하는 것이다.

● 목표를 적절하게 조정해 나가라

이상과 현실과는 항상 간격이 있다. 상황도 항상 변한다. 아무리 잘 설정한 목표라도 조정할 필요가 생긴다.

성공을 하면 다음에는 조금 높은 목표를 세운다. 성취 못하면 목표를 조금 낮춘다. 좀 힘든 목표를 달성하면 다음에는 더 힘든 목표를 세운다. 그러나 실패하면 위험도가 낮은 안전한 목표를 세운다.

이런 방식은 목표를 세우고 달성하는 과정을 통해서 많은 경험을 했기 때문에 얻어진 것이다. 좋은 결과를 얻으려면 피드백을 이용하여 목표를 현실에 따라 조정해야 한다.

11. 다가오는 미래를 준비하라

목표를 세우면 인생을 변화시킬 수 있다. 그럼에도 많은 사람들이 목표의 중요성을 간과하고 타성에 젖어 과거의 방식대로 살아가려고 한다. 새로운 변화가 일어나기 위해서는 동기유발이 되어야 하는데 그러기 위해서는 어떤 방식으로든지 신선한 충격을 받아야 한다. 용기를 갖고 과감하게 목표지향적인 삶을 추구해 보라.

● 앞으로 10년을 내다보라

북유럽 신화 중에 신의 저주로 인해 영원히 바다를 떠돌게 된 한 선장의 이야기가 나온다. 이 선장이 신으로부터 받은 저주는 목표도 없이 같은 행동을 반복하는 것이었다. 이 형벌은 신이 내리는 형벌 중에서 가장 견디기 어려운 고통스런 형벌이다.

이 이야기가 말하려는 교훈은 목표 없는 것처럼 견디기 어려운 것은 없지만 목표가 분명하다면 어떠한 반복되는 일이라도 참아낼 수 있다는 것이다. 목표 없이 사니 목표를 추구하다가 실패하는 편이 차라리 나은 것이다.

사람이 무엇을 추구하면서 살아가느냐가 행복의 중요한 조건이 된다. 자신에게 중요한 의미를 주는 목표를 찾지 못하거나 자신의 잠재력을 충분히 발휘할 대상이 없을 때 삶은 뻗어나가지 못하고 제자리걸음을 하거나 오히려 퇴보하게 된다.

목표를 설정하는 것은 매우 의미가 있는 작업이다. 일관성 있게 추구할 수 있는 목표를 설정하게 되면 계속 신나게 일을 할 수 있고 성취도도 높아진다. 그러나 일관성 있게 추구하는 목표가 없으면 앞길이 암담하고 일의 보람도 생기지 않으며 자아도 완성되지 않는다.

도완녀, 그녀는 강원도 산골에서 메주를 만들며 전통찻집을 운영하는 첼리스트다. 나는 그녀의 글을 읽고 잔잔한 감동을 받았다. 그녀는 자기를 찾아오는 사람에게 찻값을 내게 하는 대신 10년 뒤 자신의 모습을 그리게 한다. 그 방문객에게 인생의 내면의 모습과 경제적인 모습, 이 두 가지를 묘사하게 한다.

 돈을 벌어서 멋지게 쓸 그날을 바라보며 10년 뒤의 소원을 세우고 마음을 내면 그것이 에너지가 된다고 한다. 또한 자신이 하고자 하는 목표를 뚜렷이 세우면 세울수록 뜻을 함께 하는 사람이 가까이 모인다고 한다.

 그녀는 10년 뒤의 자신의 모습을 명확히 그린다. 그녀는 농업도 산업이라는 생각을 갖고 콩으로 모든 것을 만들겠다는 9단계의 목표를 세웠다. 그 첫째는 메주, 둘째는 된장, 셋째는 청국장, 넷째는 기능성 청국장, 다섯째는 청국장 화장품, 여섯째는 된장국 프랜차이즈, 일곱째는 콩 추출 의학품, 여덟째는 콩 나노 제품, 아홉째는 콩 명상수련이다.

 그녀가 콩으로 화장품을 만들겠다고 하니 사람들이 웃었

다고 한다. 그러나 몇 개월 전에 한국 최초로 이것을 성공했다고 한다. 그녀는 이렇게 쓰고 있다.

"나는 늘 10년 뒤의 모습을 그린다. 올해도 중요하다. 그러나 10년 뒤의 내 모습은 더 중요하다. 목표를 향하고 있으면 몸은 바빠도 마음은 오히려 한가해진다. 마지막에 웃는 자가 가장 잘 웃는 자다."

그녀는 목표의 중요성을 잘 알고 목표를 실제로 체감하는 사람이다. 그렇게 목표지향적으로 살기 때문에 오지에서도 충실한 삶을 살아가고 있는 것이다. 그녀의 충고와 같이 우리도 최소한 10년 목표를 세우고 목표지향적인 삶을 살아가야 하지 않을까.

자신이 어떤 처지와 환경에 처해 있다 할지라도 분명한 목표를 세우고 추구해 나가면 어떤 난관도 극복할 수 있고 삶을 가장 가치 있고 보람 있게 운영할 수 있다.

● 왜 목표를 세우지 않는가

앞에서 목표를 세우지 않고 살아가는 사람이 전체의 97%라고 말한 바 있다. 왜 이렇게 절대 다수의 사람들이 목표를 세우지 않고 살아가는가. 여러 가지 이유가 있을 것이다. 그 이유들을 정리해보면 대체로 다음과 같다.

- 목표가 무엇인지 배운 적이 없다. 그렇기 때문에 목표가 무엇인지 목표가 왜 중요한지를 모른다.
- 미래에 대해 거의 생각하지 않고 그럭저럭 살아왔다.
- 의지가 아니라 기분이나 감정에 따라 살아왔다.
- 타율적인 교육만 받아서 스스로 새로운 것을 시작하지 못한다.
- 좀 어려운 것에 도전할 용기가 없다.
- 과거에 목표를 세워보았지만 달성한 것은 거의 없으므로 목표 설정 작업이 무의미하다고 생각한다.
- 목표를 세우고 계획대로 일을 하고 싶지만 그 구체적인 방법을 잘 모른다.
- 목표를 불완전하게 세우면 그 결과가 좋지 않을까봐 염려된다.
- 다른 사람이 하라는 대로만 해왔다.
- 자기 주위에 목표관리의 규범이 될 만한 사람을 보지 못하였다.
- 현상유지에 급급해서 차분히 미래에 대해 생각할 여유

조차 없다.
- 지금 이 상태로 지내는 것이 좋은데 왜 골치 아프게 목표를 세우고 계획을 해야만 하는가 하는 생각을 가지고 있다.

● 목표를 가져야 변화가 생긴다

목표지향적인 삶으로 변화하려면 여러 가지 자극을 받아야 가능하다. 그 구체적인 방법들을 알아보자.

먼저 눈앞의 일만 생각하지 말고 먼 미래에 대해서 생각하는 습관을 가져야 한다. 미래에 대해 구체적으로 생각하기 시작하면 이제까지 보이지 않던 목표가 보인다. 목표 설정은 일종의 생각하는 작업이다. 목표 설정을 통해서 희망을 발견하고 나 자신을 격려할 수 있다.

"지금 살아가고 있는 모습이 내 진정한 모습인가?"

이런 질문을 스스로에게 해보라. 건전한 위기의식을 가질 필요가 있다. 많은 사람들은 지금까지 살아온 평화로운 일상이 앞으로도 계속될 것이라는 환상을 가지고 있다. 이것은 분명히 착각이다.

미래에 대해서 막연히 불안을 느끼지만 구체적인 목표를

세우지 못하는 사람이 있다. 이들은 "언젠가는…"이라고 입버릇처럼 말하지만 실제로는 아무 행동도 하고 있지 않다. 그런 사람은 아주 작은 목표라도 세워 보자.

자기비하나 자기연민에서도 벗어나야 한다. 지금까지 살아오면서 무엇인가 대단한 것을 해본 적이 없다고 생각하는 것은 잘못이다. 이런 경우는 아마 잘못된 목표를 세웠거나 일관성 있게 추진해 보지 않았기 때문일 것이다.

목표를 세우고 과감하게 시도해보는 것도 좋다. 목표를 세우고 그것을 추진해 나가는 사람은 한 단계씩 발전해간다. 열린 마음을 갖고 자기의 미래를 변화시켜 나가야 한다.

인생 설계에 관한 세미나에도 참석해 보자. 목표와 계획에 대해 신선한 자극을 받을 것이다. 그리고 스승이 될 만한 명사를 찾아가 인생에 대해 조언을 들어 보라. 매우 유익할 것이다.

● **이제라도 늦지 않다**

목표 설정 작업은 일생동안 계속되는 일이다. 과거에 목표 없이 살아왔거나 잘못된 목표를 지니고 살아왔다고 해도 한탄하지 말라. 지금부터 새로운 목표를 찾으면 된다.

전철이나 버스를 잘못 타서 목적지와는 전혀 다른 방향으로 가본 적이 누구나 한번쯤은 있을 것이다. 그때의 기분은 그리 유쾌하지 않다. 자신이 차를 잘못 탔다고 느꼈을 때 가급적 빨리 내려서 올바른 차로 옮겨 타야 한다.

목표가 없이, 혹은 잘못된 목표를 지니고 살아온 사람이 그것을 깨달았을 때 후회가 밀려온다. 그러나 처음부터 올바른 길을 간 사람은 그리 많지 않다. 되도록 빨리 잘못을 깨닫고 올바른 궤도로 올라서는 게 중요하다.

목표가 없던 사람에게 목표가 주어질 때 인생이 다시 태어나는 것과 같은 느낌을 갖게 된다. 잘못된 목표를 가졌던 사람이 바른 목표를 찾을 때도 비슷한 느낌을 갖게 된다.

하지만 목표를 전혀 가지고 있지 않거나 잘못된 목표를 가지고 있으면 그 결과가 반드시 좋지 않고 그 책임은 본인이 져야만 한다.

PART 2

목표를 성공적으로 이루어라

1. 믿음을 키워라

위대한 역사를 창조한 사람들은 한결같이 믿음의 사람들이었다. 믿음이 없는 사람이 새로운 역사를 이룬 예가 없었다. 왜 믿음이 엄청난 힘이 있을까? 믿음은 마음을 하나로 뭉치게 하는 능력이 있기 때문이다.

불신이나 의심은 마음을 쪼개고 사람을 무력화시킨다. 그러나 믿음은 잠재능력을 최대한 발휘하게 하여 일관성 있게 비전과 목표를 추구할 수 있게 한다. 믿음은 자라고 발전하는 것이다. 목표를 잘 달성하기 위해서는 다음과 같은 구체적인 믿음이 필요하다.

● 믿음 1 – 나는 내 잠재력을 믿는다

운동 코치는 선수들이 자신감을 갖도록 가르친다. 코치는 승리하기 위해서 선수들의 자신감이 얼마나 중요한가를

잘 알고 있는 것이다. 자신을 신뢰해야 자신의 역량이 증가된다.

자신이 믿고 있는 대로 이루어지게 된다. 자신감을 가진 사람은 이미 그 마음속에 마법사를 지니고 있다. 자신이 승리한 모습을 눈으로 보듯이 그려 보아라. 그리고 그 승리지점에 도달할 수 있다는 믿음을 가져라. 이런 믿음을 가지면 반드시 성취할 수 있다.

왜 많은 사람들이 자신을 믿지 못하는가. 과거에 도전해 본 일도, 성공한 일도 없기 때문이다. 할 수 없다는 고정관념을 버리고 어떤 한 가지 일을 시도해 보라. 처음에는 아주 천천히 그리고 한 번에 한 걸음씩 행동으로 옮겨 보라. 그리고 그것을 완성하라. 그러면 자신감이 생길 것이다.

자기를 신뢰하지 못하면 아무것도 할 수 없다. 지금 당신의 자기신뢰도는 매우 낮을지 모른다. 당장 자기를 신뢰하도록 노력하라. 윌리엄 제임스는 "믿음은 의지에 영향을 미친다"라고 했다. 의지는 행동을 하게 하고 그 행동은 목표를 달성하게 한다.

신약성서에는 "믿음은 바라는 것들의 확신이요, 보이지 않는 것들의 증거입니다"(히브리서 11:1)라고 기록되어 있다.

● 믿음 2 – 모든 것은 이유와 목적이 있어서 일어난다

자연과 인생에 있어서 공통적으로 적용되는 법칙은 "뿌린 대로 거둔다"라는 파종과 추수의 법칙이다. 또 "콩 심은 데 콩 나고 팥 심은 데 팥 난다", "많이 심으면 많이 나고 적게 심으면 적게 난다", "선을 심으면 선을 거두고 악을 심으면 악을 거둔다", "젊어서 심으면 늙어서 거둔다" 등등 많은 격언들이 있다.

삶은 노력 없이 저절로 이루어지지 않는다. 좋은 건강은 자신이 만드는 것이지 주어지는 것이 아니다. 너무나도 당연한 법칙인데도 많은 사람들은 이 법칙을 경시한다. 이 법칙을 믿는 사람은 목표를 성취하기 위하여 정직하게 노력할 것이다. 결코 사행심을 갖거나 공짜를 바라지 않을 것이다.

미국의 초대 대통령인 조지 워싱턴은 어린 시절에 그의 아버지가 아들에게 자연의 위대함과 신앙심을 길러 주기 위해 이른 봄날 정원에 워싱턴이라는 글자대로 꽃씨를 뿌리게 했다. 싹이 돋아나고 자라서 꽃이 피어나자, 워싱턴은 놀라서 아버지에게 "꽃들이 워싱턴이라는 글자를 만들었어요!"라고 말했다.

그의 아버지는 그것이 바로 하나님의 섭리라고 설명하면서 자연은 인간이 어떻게 가꾸는가에 따라 순종하며 모든 일은 자기가 뿌린 대로 이루어진다는 것을 가르쳐주었다.

계획에는 "발생되는 미래의 사건의 가망성은 그것을 달성하려는 노력의 집중도에 따라 증가된다"는 법칙이 있다. 또 노력은 배반하지 않는다는 말이 있다. 성실한 사람은 노력하면 반드시 풍성한 것을 거둘 것이라는 믿음을 갖는다. 그런 사람은 꾸준히 노력하는 것이 상책임을 믿는다.

● 믿음 3 – 순경이나 역경은 모두 도움을 준다

비전이나 목표를 추진하는 과정에서 순경(順境)과 역경(逆境)을 만난다. 인생은 날씨와 같아 변화무쌍하다. 화창한 날씨였는데 갑자기 바람이 불고 비가 억수같이 오는 경우도 있다. 순경을 잘 이용하면 발전한다. 그러나 역경 속에서도 역시 좋은 기회가 있다는 것을 알아야 한다. 생의 모든 변화를 능동적으로 관리하여 흑자인생을 만들어야 한다.

철학자 소크라테스는 이런 말을 했다.

"당신이 좋은 아내를 얻으면 행복할 것이다. 그러나 좋지 않은 아내를 얻으면 철학자가 될 것이다."

인생을 짧게 보지 말고 멀리 보고, 단거리 경주로 생각하지 말고 장거리 경주로 생각해야 한다. 모든 순경이나 역경을 최대한 활용하라. 그러면 목표한 바를 이루게 될 것이다.

● 믿음 4 – 실패는 없다. 다만 과정이 있을 뿐이다

실패는 존재하지 않는다는 믿음을 갖는 사람에게 실패는

없다. 실패는 성공으로 향하는 하나의 과정일 뿐이다.

피아노를 처음 배우는 아이들은 수없이 실수한다. 걸음마를 배우는 어린아이는 수없이 넘어진다. 골인을 연습하는 농구선수는 실패를 거듭한다. 실패는 그것 자체가 최종의 결과가 아니라 목적으로 향하는 과정이다. 이렇게 생각할 때 칠전팔기의 용기가 생긴다.

물론 실패를 거듭하면 낙심하거나 꿈이 꺾이기 쉽다. 또한 두려움이 엄습한다. 그러나 실패는 성공, 혹은 완전으로의 훈련 과정이라고 믿으면 훨씬 인내하기 쉬울 것이다. 어떤 실패는 무한한 가치가 있다. 그것은 값으로 환산할 수 없을 만큼 귀한 교훈을 주기도 한다.

● 믿음 5 – 우리가 원하는 미래를 창조할 수 있다

미래는 불확실하다. 아무리 뛰어난 선견력을 가지고 있는 사람도 미래의 모습을 확실히 그릴 수는 없다. 그러나 미래는 무한한 가능성과 발전의 여지가 있다고 믿어야 한다. 운명론을 거부하고 미래를 설계하라.

미래에 있을 변화는 두 가지이다. 하나는 내 의지와는 관계없이 일어나는 외부적, 자연적 변화이다. 그것은 내 힘으로는 어찌할 수 없는 성질의 것이다. 또 하나의 변화는 인위적으로 일으키는 변화이다. 이것은 개인 혹은 단체의 힘으로 변경 조정 가능한 것이다.

자연적 변화는 예측하기 쉽다. 미래는 현재보다 좋을 것이라든지, 나쁠 것이라든지 추측할 수 있다. 그러나 인위적 변화는 예측하기 어렵다. 그 이유는 행동하는 것에 따라서 얼마든지 변화가 가능하기 때문이다. 위대한 미래를 설계하고 하루하루 그 설계도에 따라 진행해 나가면 반드시 위대한 미래를 창조할 수 있다.

현재는 미래가 있으므로 희망찬 것이고 미래는 현재가 있으므로 확실한 것이다. "현재에 서지 않는 미래는 사상누각이요, 미래의 비전이 없는 현재는 죽은 현재이다"라는 철학자 칸트의 비유대로 숙명관과 팔자타령에서 벗어나야 한다. 자기의 운명은 자기가 개척할 수 있다는 믿음을 가져라.

● 믿음 6 – 인생의 분기점은 선택과 결단에 달려있다

성공과 실패, 발전과 퇴보를 가져오는 분기점은 바로 선택과 결단에 달려있다. 시의적절하게 선택과 결단을 할 수 있느냐가 새로운 미래 창조의 시발점이다.

인생의 큰 불행도, 수많은 실패도, 주어진 기회를 제때 잡지 못하는 것도 자기가 우유부단해서 결단을 못하기 때문에 발생한다.

자신이 잘못된 방향으로 가고 있음을 알면서도 결단력이 없어서 그대로 방치하는 사람이 있다. 아무리 좋은 비전과 목표가 있을지라도 결단력이 없으면 한 발자국도 앞으로 갈 수 없다.

왜 결단하기를 두려워할까? 분별력이 없기 때문이기도 하고, 결단한 일에 대해서 책임을 지기 싫어서이기도 하다.

또 계획을 세울 때 너무 많이 생각하고 이것저것 재보며 돌다리도 두드리면서 건너가려는 태도를 가지면 "하지 말자"로 결론이 나기 쉽다.

때로는 어느 정도 모험을 감행해야 한다. 결단할 수 없는 사람은 자신의 운명을 우연에 맡기거나 다른 사람의 주장에 맡기게 된다. 새로운 미래를 창조하기 위해서는 올바른 선택과 결단이 필요하다. 그것은 용기와 창조력을 회복시키는 위대한 힘이다.

● 믿음 7 – 긍정적 사고는 엄청난 위력이 있다

 긍정적으로 생각하는 사람과 부정적으로 생각하는 사람이 있다. 같은 사물을 볼 때 어떤 사람은 그 사물의 장점을 바라보는데 비해 어떤 사람은 단점만을 바라본다.

 피터 드러커 교수는 사람의 운명을 가르는 것은 긍정적으로 생각하느냐, 부정적으로 생각하느냐에 달려 있다고 말했다. 컵에 물이 반이 있을 때 긍정적인 사람은 "반이나 있구나"라고 말하는 반면에 부정적인 사람은 "반밖에 없구나"라고 말한다는 것이다. 컵 속에 든 물의 양은 똑같은데 보는 눈과 생각의 방향에 따라 큰 차이가 있다.

 긍정주의자는 적극주의자이며 낙관주의자인데 반하여 부정주의자는 염세주의자이고 비관론자이다. 긍정적인 사고는 미래의 가능성을 믿지만, 부정적인 사고는 그 가능성을 믿지 않는다. 긍정주의자는 문제보다는 해결책을 보지만, 부정주의자는 해결책보다는 문제만을 본다. 긍정주의자는 자기가 할 수 있는 일을 하지만, 부정주의자는 자기가 할 수 있는 것도 하지 않는다.

 이상하게도 사람이 생각하는 방향으로 삶이 따라간다.

'된다, 된다…' 하면 되는 일만 생기고 '안 된다, 안 된다…' 하면 안 되는 일만 생긴다. 그러므로 성공하고자 하는 사람은 부정적 마음부터 털어버려야 한다.

네 손가락의 피아니스트 이희아 양은 "나는 없는 것 때문에 슬퍼하거나 비관하지 않고, 하나님이 주신 있는 것으로 기뻐하고 감사하며 살아가고 있다"라고 말했다. 그녀의 이런 놀라운 긍정의 태도가 그녀의 운명을 변화시킨 것이다.

'긍정을 파는 세일즈맨'이란 별명을 지닌 윤석금 웅진그룹 회장은 자기를 긍정해야 자기개조가 가능하다고 강조한다.

그는 대학을 졸업하고 27세 때 세일즈 세계에 뛰어들었는데 처음에는 모든 것이 어색하고 힘이 들었다고 한다. 이래서는 안 되겠다고 생각하고 고객을 설득하기 위한 지침서를 만들어 반복해서 연습을 하고, 매일 30분씩 거울 앞에서 신뢰감을 줄 수 있는 얼굴을 만들기 위해 표정 짓기 연습을 했다고 한다. 그렇게 몇 달 하고 나니 자연스럽게 자신의 얼굴에 밝은 인상이 생겨났고, 신기하게도 그때부터 물건도 날개 돋친 듯 팔려나갔다고 한다. 그 후에도 그는 긍정적 확신이 성공으로 이어진 경험을 많이 했다고 한다.

2. 목표를 명확히 하라

목표를 달성하기 위해서 계획을 세워야 한다. 계획을 세울 때 제일 먼저 해야 하는 것은 명확한 목표를 세우는 것이다. 활을 쏘려면 표적이 분명해야 한다. 교통신호는 분명히 보여야 한다. 기상을 알리는 나팔소리도 분명해야 한다.

우리의 삶 속에 애매한 일들이 많아서 착각과 오해를 불러일으키는 경우가 자주 있다. 말과 글의 표현이 애매모호해서 많은 낭비를 하고 있지만 그것을 시정하지 않는다. 관습과 타성의 힘이란 정말 무서운 것이다. 사물을 구체화하는 능력은 성숙한 인격의 중요한 요소이기도 하다.

● 목표가 명확한 것 자체가 큰 힘을 발휘한다

목표를 명확하게 세워야 한다. 이것은 중요한 원리이다. 목표 명확성의 원리란 "목표를 더욱 분명히 정할수록 달성할 가능성은 더욱 높다. 목표를 분명히 정하면 방향과 전략도 분명해진다"라는 원리이다.

옛날에 한 스승이 활과 화살을 준비하여 제자 세 명과 함께 호랑이 사냥을 나섰다.

목적지에 도착하자 스승은 한 제자에게 이렇게 물었다. "너는 무엇을 보았느냐?" 그 제자가 대답하기를 "저는 활과 호랑이와 숲을 보았습니다"라고 했다. 스승이 고개를 좌우로 저었다.

스승은 다른 제자에게 같은 질문을 했다. 그랬더니 그 제자가 대답하기를 "저는 스승님과 형님, 동생, 활, 호랑이, 그리고 숲을 보았습니다"라고 했다. 스승은 다시 고개를 좌우로 저었다.

스승은 또 다른 제자에게도 같은 질문을 했다. 이 마지막 제자는 "저는 호랑이 외에는 보지 못했습니다"라고 말했다. 스승은 기뻐하며 고개를 끄덕였다. 사냥을 하는 자는 사냥감만 눈에 보여야 하는 것이다. 그것이 가장 중요한 목표이기 때문이다.

호랑이를 조련하는 사람들은 호랑이를 무력화시키기 위해서 등받이가 없는 네 발 달린 의자를 사용한다고 한다. 네 발 달린 의자를 호랑이에게 내밀면 호랑이가 "어흥" 하고 경계하지만 네 다리에 신경을 써서 대들지 못한다는 것이다.

호랑이 눈에는 의자의 발이 자기를 공격하는 놈으로 보인다. 네 놈이 동시에 공격하니 그 중 어느 것에 반격할지 혼란을 느껴서 감히 대들지 못한다는 것이다. 이처럼 초점이 분명하지 못하면 힘이 빠지게 된다.

목표가 명확한 것 자체가 큰 힘을 발휘하게 한다. 명확한 목표는 이끄는 힘이 있다. 다시 말해서 학생이든 세일즈맨이든 기업가든 명확한 목표를 지니면 무한한 동기를 갖게 되고 마침내 목표한 바를 이루게 된다.

학원에 다니지 않고 외고에 수석 합격한 Y군은 목표를 확실히 하는 것이 성적을 향상하는 데 최상의 방법이라고 밝히면서 이렇게 말하였다.

"목표가 확실하면 준비도 확실하다. 같은 공부도 만점을 목표로 공부하면 다르다. 그리고 목표가 분명하면 의욕이 솟을 뿐만 아니라 시간을 가장 효율적으로 배분하는 법을 스스로 찾게 된다."

세일즈맨의 경우 "연 10억 원의 매출을 올린다"와 같이 목표가 뚜렷할 때 동기도 유발되고 가장 효과적인 방법도 찾아낼 수 있다.

● 목표를 명확하게 하는 방법

아무리 명확하게 보이는 목표라도 어느 정도 애매성은 가지고 있기 마련이며, 그것은 전문가가 아니면 알기 어렵다. 어떻게 목표를 명확하게 세울 수 있을까?

먼저 달성하고자 하는 최종결과가 간결하고 분명해야 한다. 최종결과를 수치로 나타낼 수 있어야 한다. 추상적인 목표를 구체적인 목표로 바꿔라. 그리고 최종결과와 마감일을 숫자로 표현하다.

다음으로는 목표를 기록해야 한다. 처음에는 막연해도 좋으니 해야 할 과제나 목표 혹은 문제점을 될 수 있는 한 많이 기록해 보라. 적는 과정에서 생각이 정리되고 새로운 아이디어도 생기며 목표가 더욱 분명해진다. 그리고 일반적인 사항에서 구체적인 것으로, 범위가 넓은 것에서 좁은 것으로 목표를 명확하게 기록해 나가야 한다.

또한 큰 목표는 여러 개의 세부목표로 분할한다. 목표를 적을 때 시간, 거리, 양, 질 등이 세분화되면 더욱 명확하게 된다. 비전은 크고 웅장해야 하지만, 목표는 좁히고 구체화 시키며 세밀하게 분석하고 확실한 윤곽을 그려야 한다.

마지막으로 목표와 자기가 하나가 되어야 한다. 한번 설정한 목표도 시간이 지나면 그 강도가 약해지기 마련이다. 그래서 목표를 주기적으로 다시 확인하는 것이 좋다. 거울 앞에서 큰 소리로 목표를 말하거나, 목표카드를 만들어 몸에 지참하여 수시로 꺼내 보거나, 목표를 주기적으로 써서 붙여서 목표를 잊어버리지 않는 것이 필요하다.

달성하고자 하는 목표를 마음속에 품고 그 모습을 계속 새롭게 바라보면 목표와 자기가 일체가 된다.

● 몰입할 수 있는 목표를 선택하라

자신이 설정한 목표는 자신의 주의를 끌고, 자신이 어떤 행동을 해야 할지를 결정하게 한다.

"확고한 목표를 지닌 사람, 분명한 욕구의 상을 가진 사람, 또는 자기 앞에 늘 이상을 두는 사람은 잠재의식에 깊숙이 파묻혀 있는 능력을 재현한다. 그리하여 그는 그 지속적인 세력 덕분에, 최소한의 시간과 노력으로 자신의 목표를 실현할 수 있게 된다. 목표를 부단히 생각하라. 한 걸음 한 걸음 당신은 목표를 성취해 나갈 것이다. 왜냐하면 모든 힘이 그 목표를 향하게 되기 때문이다."

미국의 유명한 신문기자 클로드 브리스톨의 이 말처럼 목표는 신비한 능력이 있다. 아무리 힘들고 지루한 일이라도 매력 있는 목표를 가질 수 있다면 일하는 것이 재미있고 그 일에 몰두할 수 있게 된다.

그렇다면 매력 있는 목표를 설정하려면 어떻게 해야 하는지 알아보자.

첫째, 자기 스스로 선택한 것이거나 설정한 것이어야 한다. '좋은 목표'는 자기가 만든 것이고 '나쁜 목표'는 다른 사람이 강요하는 것이다.

둘째, 자기의 비전과 가치, 욕구와 관련된 것이어야 한다. 진정으로 자기가 달성하기 원하는 것이어야 한다. 목표를 달성했어도 만족을 느끼지 못하거나 오히려 후회스러운 이유는 그 목표 자체가 자신의 내면의 깊은 욕구와 관계가 없기 때문이다.

비록 다른 사람이 요청한 목표라도 자신의 깊은 욕구와 일치되는 것이라면 그것은 좋은 목표라고 할 수 있다. 가령 소설가가 출판사로부터 집필해 달라는 청탁을 받거나, 대학교수가 그가 전공한 분야에 대해서 강의초청을 받았을 경우가 그 예이다.

Y목사는 88세 된 K할머니 교인에게 이렇게 부드럽게 말했다. "우리 교회 새로운 성전이 내년 말이면 완공됩니다. 그때까지 건강하게 사셔서 봉헌식(준공식)에 오셔서 축하해 주세요. 꽃도 달아드리고 선물도 드리고 가장 중요한 하객으로 모실게요." 그러자 그 할머니 얼굴이 갑자기 환해졌다. 그 할머니는 그때까지 건강하게 살도록 기도하기 시작했다. 새로운 목표가 주어지니 태도도 변화된 것이다.

셋째, 도전의식을 불러일으키는 것이어야 한다. 즉, 용기를 불러일으키는 것이나 자기 가능성에 도전하고자 하는 목표이어야 한다. 쉽게 도달할 수 있는 것은 눈에 끌리지 않는 법이다. 그러므로 쉬운 목표가 아니라 좀 어려운 목표를 추구해야 한다.

넷째, 좀 어렵더라도 충분히 자기가 다스릴 수 있는 것이어야 한다. 목표가 너무 거창하거나 자기 능력에 미치지 못하는 것이면 쉽게 좌절할 수 있다. 자기의 경험, 능력, 자원 등을 활용해서 달성할 수 있는 목표이어야 한다. 또한 너무 시간에 쫓기지도 않고 너무 강요당하지 않는 것, 그래서 자신의 자연스런 리듬을 이용하여 만족스럽게 달성할 수 있는 것이어야 한다.

다섯째, 최종결과에 도달하기까지의 과정이 즐거운 목표

이어야 한다. 지구 반대편으로 여행을 하는 것이 목표라고 가정해 보자. 여행 도중에는 많은 어려움과 불편함이 도사리고 있지만 흥미를 주는 많은 볼거리도 있다. 그래서 고생을 마다하고 여행하고자 하는 것이다. 골프는 목표에 도달하는 과정이 즐겁기 때문에 매력이 있는 운동이다.

여섯째, 자신이 별로 좋아하지 않더라도 보상이 많이 주어지면 해볼 만한 목표이다. 어느 종가에서는 명절에 음식을 만드는 며느리나 딸에게 상당한 수고비를 제공한다. 음식을 만드는 사람은 보상이 주어지기 때문에 즐겁게 일을 하는 것이다.

● 목표지향적인 삶이 생활화되어야 한다

목표를 설정하고 계획하며 그것을 실행하고 평가해 가는 일련의 행동들이 습관화가 되면 새로운 목표를 달성하는 것이 그리 어렵지 않다.

소위 전문가라고 불리는 사람들은 목표지향적으로 살아가고 있다. 그들은 노하우를 평소에 익혔기 때문에 목표를 달성해 가는 과정에 있어서 별 어려움이 없다.

하지만 '목표 – 계획 – 실행 – 평가'라는 일련의 과정에 익숙하지 않은 사람들은 목표를 추구하는 과정에서 애로를 느낀다.

이런 사람들은 행동지향적인 틀에서 목표지향적인 틀로 변화시켜야 한다. 아무리 바빠도 목표를 세운 다음에 행동하기를 연습해야 한다. 그것이 가장 효과적인 길이다. 목표지향적인 삶은 생각하면서 사는 삶이다.

비행기의 1등석과 3등석 중 어느 좌석이 더 나을까? 같은 비행기라면 당연히 1등석이 훨씬 낫겠지만, 비행기가 다르다면 그렇게 말할 수 없다. 보다 중요한 것은 그 비행기가 내가 가고자 하는 방향으로 가는가, 그리고 안전한가 하는 것이다.

고속도로가 더 좋은 것인가, 아니면 비포장 시골길이 더 좋은 것인가? 이것도 한마디로 대답할 수 없다. 이것은 지금 자신이 어느 곳으로 가고자 하느냐에 달려 있다.

아무리 넓고 직선으로 된 길이라도 내 목적지와는 다른 길은 나쁜 길이고, 아무리 울퉁불퉁한 길이라도 내 목적지로 가는 길은 좋은 길이다.

가령 연휴 때 한쪽 길은 꽉 막히고 다른 쪽 길은 텅 비었다면 무작정 텅 빈 길로 가겠는가. 중요한 것은 목적지이다.

목적지와 정반대의 길로 가면 시간낭비, 물질낭비, 정력낭비일 뿐이다.

우리는 매일 일상사에 파묻혀 멀리 내다볼 여유를 갖지 못하고 산다. 시시때때로 먼 미래를 바라보고 현재의 행동을 조정하라. 목표가 이끌어 가는 삶을 살라.

목표지향적으로 살면 평소에 보지 못하는 것들을 많이 볼 수 있고, 예기치 않은 기회들을 잡을 수 있으며, 자기가 원하는 사물이 자기에게 저절로 끌려오는 경험을 하게 된다.

3. 전략을 지혜롭게 세워라

목표를 세우고 그것을 달성해 가는 방법은 주먹구구식이 아니라 과학적이어야 한다. 조그만 가게를 운영한다고 해도 대기업의 사장과 같은 경영 마인드가 필요하다. 우리가 충실한 삶을 살아가려면 매일매일 새로운 전략과 결정이 필요하다.

미래지향적인 사람들은 전략을 세운다. 그들은 더 나은 미래를 창조하기 위하여 머리를 쓴다. 전략이란 일종의 탁월한 지혜이다.

● 승리하려면 전략을 잘 짜야 한다

전략이란 말은 원래 전쟁과 관계된 용어다. 전략은 전쟁을 하기 전에 승리할 수 있는 방법을 구상하는 것이다. 전쟁에 승리하기 위해 자기편에 유리하도록 최상의 조건을 만드는 것이다. 즉, 공격 또는 철수의 적절한 순간을 정확하게 판

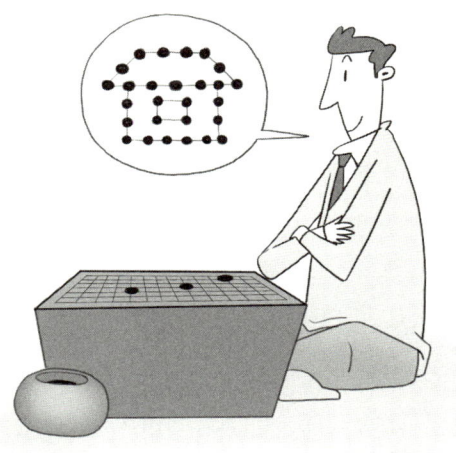

단하고 항상 정확하게 타협의 한계를 짐작하는 것이다.

"계획은 사람들의 뜻을 모아서 세우고, 전쟁은 전략을 세워 놓고 하여라."(잠언 20:18)라는 구약성서 잠언의 말씀처럼 전쟁의 승리는 탁월한 전략에 달려 있다고 해도 과언이 아니다.

기원전 3세기의 집정관인 파비우스는 매우 어려운 시기에 로마를 통치하고 있었다. 왜냐하면 한니발이 로마를 공격해 왔을 때 그 나라를 통치했기 때문이다. 로마 사람들은 한니발이 알프스 산맥을 넘었다는 소식을 듣고 공포감에 싸여 있었다. 그들은 파비우스에게 신속하게 공격하기를 재촉했다.

그런데 파비우스는 느긋한 마음을 먹고 행동을 개시하지 않았다. 그의 전략은 딴 데 있었던 것이다. 파비우스는 한니발의 보급선이 한계에 다다랐다는 정보를 파악하고 신속한 대응이 아니라 지연작전이 올바른 전략이라고 믿었다.

파비우스는 정면대응하면 반드시 패한다는 것을 알고 있었다. 그래서 그는 한니발이 남하하자 비밀리에 그의 뒤를 밟았다. 파비우스는 지연작전을 썼고 그 작전은 주효했다. 한니발은 군사들에게 제대로 식량을 보급할 수 없기 때문에 마침내 로마제국에서 물러났다. 파비우스는 전략을 잘 써서 별 희생 없이 승리를 거두었던 것이다.

삼국지에 나오는 사마의는 대단한 인물이다. 그는 그 유명한 제갈량과 전쟁하면서 자기 나라의 땅을 한 치도 빼앗기지 않았다. 그는 자신의 한계를 잘 알았고 무리하지 않는 전략을 세웠다. 신출귀몰한다는 제갈량도 사마의의 전략에는 어찌할 수가 없었다.

우리나라의 이순신 장군 또한 뛰어난 전략가였다. 그는 임진왜란이 시작되기 전에 이미 일본에 대하여 여러 채널을 통하여 자료를 모으고 연구했다. 그는 명나라의 병서를 거의 다 구해서 읽고 또 읽었다. 그는 상민은 물론 노비들도 중요하다고 생각하여 이에 대해서 마음을 터놓고 계속 토론을 했다. 거북선은 그런 과정을 통해서 만들어졌다.

그는 과학자는 아니었지만 모든 관련된 사람들과 만나서 거의 확실한 승산이 있을 때에야 전투에 나섰다. 그는 일의 본질을 꿰뚫어 보고 철저하게 밑바닥부터 다지고 준비했다. 적과의 싸움이 격렬할수록 밤에는 홀로 앉아 묵상하며 시를 쓰면서 마음의 평정을 얻고 힘을 재충전했다. 그리고 그의 전략은 100% 주효했다. 모든 악조건 가운데서 23전 23승이라는 놀라운 전과를 겨레와 나라에 안겨준 것이다.

전략은 전쟁에서만 필요한 것이 아니다. 기업 운영은 물론 개인의 삶 속에서 성공하기 위해서는 전략을 적절하게 세워야 한다. 전략을 잘 세우지 못하면 삶이 함몰될 수도 있다. 사정없이 불어닥치는 인생의 폭풍우를 이겨내려면 자신의 지혜와 경험을 최대로 활용해서 전략을 잘 짜야 한다.

임기응변이나 벼락치기는 통하지 않는 시대가 되었다. 사려 깊고 계산된 행동만이 필요한 시대인 것이다.

● 효과적으로 목표를 달성하기 위한 전략 세우기

1961년 케네디와 닉슨은 각각 미국 대통령에 당선되기 위해 선거 유세를 하였다. 케네디는 미국의 주요 도시만 집중적으로 정하여 선거 유세를 했으나, 닉슨은 미국의 모든 주를 다니면서 선거 유세를 하였다. 케네디는 정력을 아꼈고, 닉슨은 정력을 소진했다.

그 후 TV에서 서로 대결을 했는데 케네디는 정력적인 모습이었지만 닉슨은 피곤에 지친 모습이었다. 결국 케네디는 전략을 잘 세워서 선거에 승리했다. 같은 조건 속에서도 전략을 잘 세우는 사람이 승리한다. 이것은 각종 경기에서도 마찬가지이다.

목표를 잘 달성하기 위해서 효과적으로 전략을 세워야 한다. 당연한 말이지만 많은 사람이 이를 실천하지 않는다. 우리 속담에 "모로 가도 서울만 가면 된다"는 말이 있는데 이것은 올바른 전략이 아니다. 가장 효율적으로 자원을 활용해서 가장 효과적으로 결과를 달성하는 것이 올바른 전략이다. 늘 더 나은 전략을 개발해야 한다.

목표를 효과적으로 달성하려면 어떤 전략이 필요할까? 그 10가지 방법을 소개한다.

① 목표의 전체 모습과 본질을 파악한다
목표의 전체 모습과 본질을 파악하는 눈이 있어야 한다.

이것은 높은 산에 등산하려는 사람이 산의 전체 모습과 높이, 등산로 및 기후조건 등을 총체적으로 파악하는 것과 같다. 여러 가지 효과적인 정보를 통해서 이루고자 하는 일의 본질을 파악해야 한다.

② 긴 안목을 가져야 한다

긴 안목을 가지고 기회를 포착해야 한다. 그러면 미래의 불확실한 요소와 사건들 가운데서 바람직한 방안을 찾을 수 있다.

③ 총체적으로 생각한다

총체적으로 생각하는 능력이 있어야 한다. 단순히 굳어진 생각으로는 아무리 노력해도 성공하기가 힘들다. 창조적 생각을 하려면 우뇌를 잘 활용해야 한다. 뛰어난 인물들은 모두 창조적 사고를 할 줄 아는 사람들이었다.

④ 평정심을 갖고 차분히 아이디어를 구상한다

조용한 시간에 마음을 가다듬고 고요하게 한다. 그러면 과거에 보이지 않던 아이디어가 잘 보일 것이다. 차분히 생각하지 않기 때문에 좋은 방안을 얻지 못하는 것이다.

⑤ **활용 가능한 자원을 최대한 모은다**

자기가 활용할 수 있는 자원을 최대한 모으고 그것들을 잘 정리해야 한다.

⑥ **자원들을 효율적으로 투자한다**

시간, 물질, 재능, 인적 자원 등 자원들을 효율적으로 써야 한다. 즉, 적시에 적량을 적합한 곳에 투자해야 한다.

⑦ **전략은 연속성이 있어야 한다**

전략을 자주 바꾸면 효과를 거두지 못한다. 전략은 연속성이 있는 게 좋다. 깊이 생각해서 지침을 정했으면 특별한 상황이 생기지 않는 한 꾸준히 밀고 나가야 한다.

⑧ **성과가 보이지 않으면 원점에서 다시 면밀히 검토한다**

상당한 노력과 시간을 투자했는데 목표가 이루어지지 않는다면 모든 것을 원점에서 다시 면밀히 검토해야 한다. 먼저 세운 전략에서 심각한 오류가 발견될지 모른다.

⑨ **할 수 있는 범위에서 정하고 바로 실천에 옮긴다**

자신이 할 수 있는 것을 행하는 것이다. 영웅이란 자기가

할 수 있는 것을 하는 사람을 말한다. 우리는 할 수 있음에도 얼마나 핑계를 대고 시작하지 않거나 미루는가.

⑩ 더 좋은 전략을 모색한다

조그만 성공에 만족하지 말고 더 좋은 방법이 있다는 것을 가정하고 그것을 추구해 나가는 것이다.

● 전략적인 사람이 되려면

전략적인 마인드를 갖기 위해서는 평소에 늘 머리 쓰는 법을 훈련해야 한다. 삶은 수시로 변하기 때문에 그 상황에 맞는 전략을 구상하도록 해야 한다.

내가 당연하게 여기며 살아왔던 것이 잘못된 것일 수도 있다는 것을 받아들여야 하고, 순간순간 변하는 현실이 주는 의미를 주의 깊게 살필 필요가 있다.

미군은 고성능 유도탄을 오래 전에 개발했는데 이것은 스스로 목표물을 찾아갈 수 있도록 인공지능 센서와 지도를 탑재한 유도탄이다. 우리도 이 유도탄처럼 우리의 목표를 이루기 위해 스스로를 변화시켜야 한다.

이런 우화가 있다. 옛날에 두 마리의 돼지가 늑대로부터 자신을 방어하기 위해 전략을 세웠다.

첫째 돼지는 과거에 자신이 공격받은 경험을 살려 늑대의 위협과 허풍을 막아내기에 알맞은 집을 지었다. 그래서 그 돼지는 늑대를 막기 위한 집을 얼렁뚱땅 얇은 판자에 회를 바르고는 곧바로 지었다.

둘째 돼지는 경험이 없었으나 생각이 깊었다. 이 일을 세밀하게 분석하고 모형을 만들고, 문제를 열거하고, 늑대 전술의 구성과 가능성을 분석한 다음 그 요새가 완전한 기능을 갖도록 설계를 하고 집을 지었다.

얼마 후 매우 배고픈 늙은 늑대가 두 마리의 돼지 집을 습격하게 되었다.

첫째 돼지 집에 와서 이 늑대는 과거에 하던 식과는 달리 위협과 허풍 대신 커다란 망치를 가지고 와서는 문을 부숴버리고 그 경험 많은 돼지를 잡아먹어 버렸다. 아직 만족을 채우지 못한 늑대는 둘째 돼지 집으로 가서 아까 했던 것처럼 되풀이하려고 했다.

그런데 이게 웬 일인가. 갑자기 집 바로 앞에 있던 함정 문이 열리면서 늑대는 어두운 함정 깊숙이 떨어지고 말았다. 그것이 그 늑대의 최후였다.

이 우화는 상황은 항상 바뀌기 때문에 경험만을 의존해서는 안 되고 새로운 전략을 세워야 함을 교훈하고 있다.

우리는 변화하는 상황 안에 있다. 변화하는 환경은 새로운 전략을 요구한다. 우리는 변화하는 환경의 실체를 주시할 필요가 있다. 환경을 구성하고 있는 체계들의 핵심을 이해해야 하며 그것이 다른 것들과 어떻게 연관되어 있는가를 알아야 한다.

변화하는 상황에 슬기롭게 대처하는 적략적인 사람이 되려면 평소에 다음과 같은 습관을 기르기 바란다.

- 서둘지 말고 차분하게 생각할 기회를 가져라. 충분한 여유를 가지고 생각하라.
- 과거 경험을 전적으로 의지하지 말라. 항상 고정관념이 잘못된 것일 수도 있다는 것을 인정해야 한다.
- 일을 추진했는데 자꾸 잘못되면 반드시 그 원인이 있을 것이다. 그 원인이 무엇인지 찾아내어 알맞은 방법을 고안하라.
- 하고자 하는 일 전체를 파악하고 장기적인 목적에 집중하라. 상당한 시간적 여유를 가지고 준비하면 일을 성취할 가능성이 높아진다.

- 머리를 잘 써라. 자신의 판단력, 직관력, 통찰력을 최대로 활용하라. 많은 사람이 머리 쓰기를 싫어한다. 이런 사람은 정신적인 게으름뱅이다.
- 곧장 가지 말고 우회하라. 곧장 가는 것이 빠를 것 같지만 돌아가는 것이 훨씬 더 목적지에 빨리 도착하는 경우가 많다. 마음을 느긋하게 갖고 좀처럼 화를 내지 않으며 인내하는 것이 더 좋은 결과를 거두게 된다.
- 윈-윈 전략을 써라. 무리한 방법을 써서 경쟁자를 이기려고 하지 말라. 백전백승은 망하는 전략이다. 함께 잘 될 수 있는 방법을 강구하라.
- 물의 성질에서 배우라. 병법가인 손자는 모든 조직의 모습은 물을 닮아야 한다며 물의 성질을 극찬했다. 물은 유연하다. 어떤 그릇이나 용기에도 담을 수 있다. 물은 자기를 너무 내세우지 않는다. 물은 낮은 곳으로 흐르기 때문에 그 겸손함이 강을 만들고 바다를 만든다. 물은 계속 흘러야 될지 잠시 쉬어야 할지를 안다. 물은 진퇴를 정확히 안다. 물은 슬쩍 돌아갈 줄 안다. 끊임없이 물처럼 유연하게 다양한 상황 속에서 다양한 전략을 만들어낸다면 전략의 고수라고 할 수 있다

● 올바른 전략을 선택하라

전쟁에 있어서는 승리를 위해서 기만술, 위장술 등 수단과 방법을 가리지 않는다. 외교적인 협상에 있어서도 국익을 언제나 먼저 생각한다. 그러나 개인적인 목표 달성이나 공동체의 목표 달성을 위해서는 합법적인 전략을 세워야 한다.

올바르지 못한 전략을 택하면 성공할 가능성이 희박하고, 설사 성공한다고 해도 후유증에 시달리게 된다. 예를 들어 선거 전략이나 경기에 있어서의 전략은 정정당당한 것이어야 한다. 선거에서 당선이 되었으나 나중에 불법선거임이 판명되어 당선취소가 되는 경우를 종종 보게 된다.

감옥은 성공하기 위해 지름길을 택한 사람들로 가득하다는 말이 있다. 만약 이 사람들이 불법으로 행했던 것만큼 정정당당하고 창의적인 방법을 가지고 노력했더라면 합법적으로 목표를 달성했을 것이다.

많은 매스컴이 사람들의 정신을 오염시키고 있다. 신문이나 텔레비전에서는 쉽게 성공한 사람들을 끊임없이 소개한다. 그러나 이런 모습은 환상에 지나지 않는다. 노력하지 않고는 대가가 없다. 어떤 성공이든지 열심히 노력하고 정직하게 투자하지 않고는 얻을 수 없다.

상생(相生)의 원칙을 존중해야 한다. 누이도 좋고 매부도 좋은 방법을 취하는 것이다. 그러면 후유증이 없다. 다른 사람에게 양보할 수 있다면 그렇게 하라. 그것이 더 현명한 방법일 수가 있다.

어느 큰 교회의 목사가 이야기하기를 "핵심적인 사항 몇 가지 외의 모든 사항을 교회 장로들에게 위임하니 교회가 그렇게 평화스러울 수가 없다"고 한다. 또 어떤 단체에서 2년 임기 회장을 뽑는데 기득권이 있는 한 사람이 연령이 높은 사람에게 네 차례나 양보했더니 나중에는 저절로 회장직이 그에게 가더라고 한다.

순리에 역행하는 것은 좋은 전략이 아니다. 자기의 분수에 지나친 것도 좋은 전략이 아니다. 그리고 너무 늦은 것도 너무 빠른 것도 옳지 않은 전략이다.

● 머리를 유연하게 하라

굳어지는 것은 큰 병폐다. 근육이 굳어지는 것도, 몸의 지체가 굳어지는 것도 문제이다. 각종 암, 간경화, 동맥경화는 모두 굳어지는 병이다. 정신 또한 굳으면 좋지 않다. 굳어진 정신상태를 고정관념, 무지, 독선, 교만이라고 할 수 있다.

굳어지면 생명력이 없으며 그것은 새로운 것을 탄생시킬 수 없다. 이는 마치 삶은 달걀과 같다. 생달걀은 많은 가능성이 있지만 이미 굳어버린 달걀은 먹어치우는 방법 외에는 도리가 없는 것이다.

당신의 창조성이 활발하게 움직이도록 머리를 유연하게 하라. 우선 같은 주제를 가지고 여러 방면으로 많이 생각해 보라. 목표의식이 뚜렷하면 많은 것을 생각해낼 수 있다.

생각한 바를 종이에 기록해 보라. 그리고 과거와는 좀 다르게 생각해 보라. 또한 사물에서 생산적이고 실용적인 면을 찾아내라.

배운 것은 많은데 지혜롭지 못한 사람들을 많이 볼 수 있다. 그들은 머리가 유연하지 않은 사람들이다. 창의성은 나이와 관계가 없다. 창의성은 오랫동안 생각한 결과로 나타나기도 하고 불꽃 같이 순식간에 나타나기도 한다.

뉴턴은 늘 생각하는 습관이 있기 때문에 만유인력을 발견하였다. 아인슈타인도 상상하기를 매우 즐겼다. 그는 어린 시절 광선 위에 올라타 우주 끝까지 날아가는 꿈을 꾸었다. 이런 습관의 결과로 그는 나중에 상대성이론을 발견하게 되었다. 그는 지식보다 상상력이 중요하다고 말했다.

미국의 저술가이며 교육가인 데일 카네기는 "변화하기 위해 항상 마음을 열라. 그 변화를 환영하라. 그리고 그것을 추구하라. 당신이 진보하는 것은 당신의 견해와 아이디어를 검토할 때만 가능하다"라고 말했다.

기존 틀에서 벗어나려면 늘 창조적으로 생각하는 습관을 길러야 한다.

4. 구체적인 계획을 세워라

계획이란 무엇인가. 그것은 목표를 달성하기 위한 수단이다. 당신이 제주도에 간다는 목표를 세웠다고 가정하자. 그러면 제주도에 가기 위해서 경비를 마련하고 스케줄을 짜고 이용할 교통수단을 정한다. 이것이 계획이다.

목표가 먼저 정해지고 그 다음 계획이 만들어지는 것이다. 옷장이나 서랍을 정리할 때도, 음식을 만들 때도 계획을 세운다. 그것은 메뉴, 청사진, 지도, 준비라는 말과 뜻이 통한다.

● **왜 계획이 중요한가**

"계획에 실패하면 실패하기 위해 계획하는 것이다"라는 말이 있다. 어느 누구도 계획을 하지 않을 수 없다. 무계획도 일종의 계획이다. 목표 설정은 당연히 계획을 전제로 하고 있다. 경기에 승리하려면 경기계획을 잘 짜야 한다. 계획은 성공을 위한 중요한 첫 단계이다.

1991년에 세계는 세계의 종말을 가져올 전쟁을 예상하고 위기감에 싸여 있었다. 전문가를 포함한 많은 사람들이 세계전이 곧 일어날 것이라고 예측했다. 그러나 그 예측이 빗나갔다. 전쟁은 공습으로 시작되었고 폭격으로 끝이 났다. 지상전은 단지 수일밖에 걸리지 않았다. 전쟁의 승리는 계획의 결과라고 모든 전략가들이 입을 모았다. 그 계획은 두 명의 현명한 노먼 슈왈츠코프 장군과 콜린 파월 장군에 의해 세워졌다.

목표를 잘 달성하는 사람들은 보통 사람보다 더 철저하게 계획한다. 계획을 세우는 일은 성공의 중요한 비결이다. 성공하려면 성공하기 위한 계획을 세워야 한다. 그런데 계획을 짜기 위해서는 많은 초안을 거쳐야 한다. 거창한 목표를 위해서는 여러 날 동안 종합계획을 세워야 한다.

● 하나의 목표에 여러 가지 계획이 따른다

계획의 출발점은 무엇인가. 그것은 목표를 확인하는 것이다. 즉 '왜'라는 질문부터 해야 한다. 왜 이 일이 중요한가,

왜 내가 이 일을 성취해야 하나, 왜 다른 일이 아닌 이 일을 성취해야 하는가, 왜 이 일을 다른 일보다 먼저 해야 하는가 등등의 질문을 해서 목적과 목표를 뚜렷하게 해야 한다.

분명한 목표는 동기를 부여하고 의욕을 불러일으킨다. 만약 목표가 불분명하다면 계획은 형식적인 일로 전락하게 된다. 그리고 목표를 명확하게 이해하지 못한다면 모든 활동은 목표와 관계없는 단편적인 일이 되고 분주한 작업에 지나지 않을 것이다.

우리는 일을 진행하면서도 '왜 이 일을 하고 있는가'라고 자문하여 목표의식을 새롭게 할 필요가 있다. 해야 할 가치와 이유가 있어야 그 일을 열심히 할 수 있기 때문이다.

한 가지 목표에 여러 가지 계획이 세워진다. 목표는 최종 목적지이고 계획은 그곳으로 향하는 길이다. 목적지는 하나지만 거기에 도달하는 길은 여러 가지이다. '제주도에 간다'는 목표는 하나이나 그것을 달성하는 과정과 방법은 여러 가지 대안이 있다. 그러므로 계획은 목표가 어떤 것이냐에 따라 다르게 조정할 수 있다.

계획은 언제나 결과를 예언하고 있다. 얼마나 훌륭한 계획을 세웠느냐에 따라 그 계획의 실현 가능성이 결정된다. 무성의하고 무기력한 계획은 오히려 나쁜 결과를 초래하고 빈틈없는 계획, 전문성을 발휘한 계획은 초일류의 결과를 낳게 되는 것이다.

설계도를 잘 설계해야 좋은 집이 지어지고, 시나리오를 잘 써야 좋은 영화가 만들어진다. 계획과 실천에도 시나리오가 필요하다. 목표를 설정했으면 그것을 달성할 여러 가지 시나리오를 작성하는 것이 순리이다.

성공한 사람들의 생활방식을 유심히 살펴보면 매우 치밀한 계획 속에 살아가고 있음을 발견하게 된다. 계획 없이 어떤 일을 달성하려고 하거나, 어떤 문제를 해결하려고 하는 것은 무모한 행동이다. 계획 없이 하는 행동은 목표 달성에 오히려 방해가 될 뿐 아니라 상황을 더욱 악화시키게 된다.

● 실천계획을 세워라

계획을 세우기 위해서는 목표에 맞는 최선의 계획을 세워야 하고 그러기 위해서 초안을 여러 번 작성해 보아야 한다. 계획을 짜는 것은 가능한 한 아주 세밀하고 구체적이어야 한다. 또한 계획하는 데 시간을 많이 투자해야 한다.

계획을 현실적으로 세우기 위해서는 다음의 사항들을 고

려하는 것이 좋다.

- 구체적인 목표는 무엇인가.
- 이 목표를 달성하는 것이 얼마나 중요하고 긴급한가.
- 이 계획을 추진하는데 가장 핵심적인 행동은 무엇인가.
- 이 계획이 실패하면 어떤 상황이 벌어지는가.
- 이 계획을 준비하기 위해서는 어떤 자원들이 필요한가 (시간, 재정, 인력, 기술 등).
- 누가 후원자가 될 것인가.
- 계획을 추진하는데 유리한 점은 무엇인가.
- 계획을 추진하는데 방해가 되는 점은 무엇인가.
- 계획대로 되지 않으면 어떤 조치를 취해야 하는가. 수정하는가, 보완하는가, 포기하는가.
- 어떻게 잘 실행하게 할 수 있을까.

목표를 달성하기 위해서 가장 단순한 방식을 택하는 것이 필요하다. 단순하게 명확하게 계획을 세워야 실천하기 쉽다. 그렇게 하기 위해서 실천계획을 짜야 한다. 행동을 시스템화 하는 것, 조직화하는 것이 실천계획이다.

가령 "체중을 5kg 줄인다"는 목표를 세웠다면 실행계획의 핵심이 되는 행동은 첫째는 현재 식사량을 50% 줄이기이고, 둘째는 하루 1시간 이상 걷기라고 할 수 있다. 이 두 가지만 실천해도 목표를 능히 달성할 수 있다.

효과적으로 실천계획을 세우기 위해서는 다음과 같은 조건이 필요하다.

- 실천계획을 세우기 위해서 충분한 시간을 내야 한다. 왜냐하면 준비를 잘해야 하기 때문이다.
- 모든 행동들은 목표를 효과적으로 달성하는 데 직접적인 공헌을 해야 한다. 목표와는 관계없는 행동과 효과를 거두지 못하는 행동은 제거해야 한다. 가급적 최상의 행동을 취해야 한다.
- 모든 행동들은 순리적으로 배열해야 한다. 각 활동이 총체적 계획의 틀 속에서 적합한 위치를 차지해야 한다.
- 그 행동들은 각각 언제 시작해서 언제 마치는가를 정한다. 시작과 마치는 시기가 각각 중요하다.
- 각 행동을 실천하기 쉬운 형태로 작게 나누라.
- 행동하기 가장 효과적인 장소와 분위기를 택한다.
- 활용해야 할 자원들 즉 돈, 인력, 장비, 기타 자원을 잘 마련한다.

- 당신의 열심과 정력을 최고도로 높인다.
- 일이 제대로 진행되지 않을 때를 대비하여 대치계획, 임시계획을 세워놓는다.

● 효과적인 실천계획의 구조는

효과적인 실천계획은 다음과 같은 구조를 갖는다.

① 목표
도달해야 할 최종의 목적지이다.

② 중간지점
장거리 여행에 있어서 이정표와 같다. 예를 들면 서울이 출발점이고 부산이 최종 목적지라면 천안, 대전, 대구 등지가 중간지점이다. 이 이정표가 있어야 진전사항을 알 수 있다. 큰 목표일수록 이 중간목표지점들이 필요하다. 이것들이 없으면 제대로 가는지, 빨리 가는지, 늦게 가는지 알 수가 없다.

실천계획의 구조

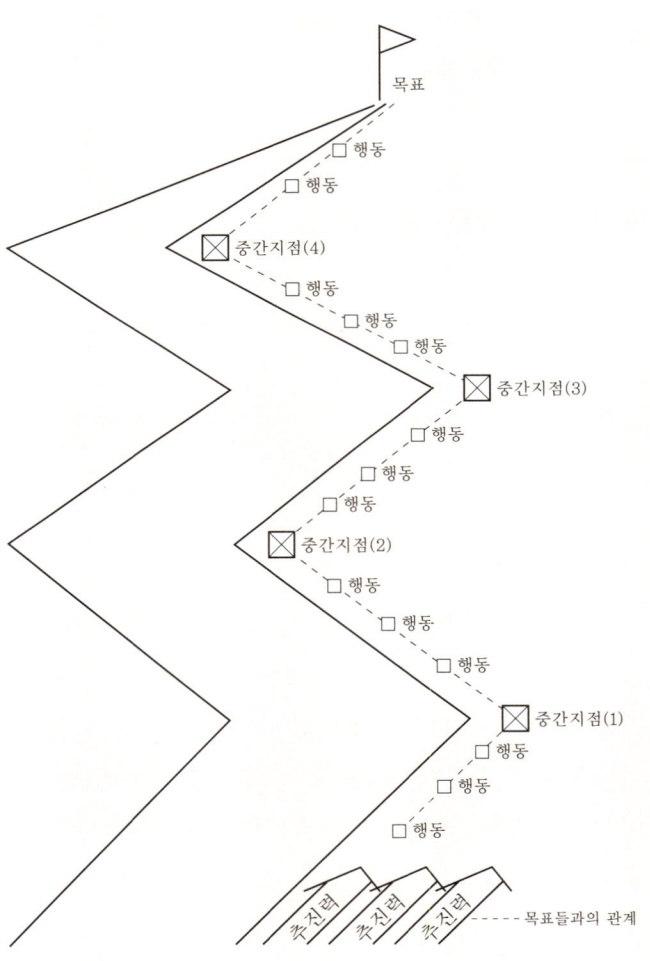

③ 취해야 할 행동들

행동들은 여행하기 위한 크고 작은 과제들이다. 따라서 조그만 행동도 무시하지 말아야 한다.

④ 목표들과의 관계

행동들의 우선순위를 정하는 것이다. 그래야 효과적으로 진행될 것이다. 어떤 일이라도 한 가지 이상의 방법이 있다는 것을 인식해야 한다. 예기치 않은 장애물이 나타났을 때 대치하는 수단과 방법도 생각해 두어야 한다.

⑤ 자원

시간, 돈, 인력, 장비, 장소 등 많은 자원이 행동하기 위해 필요하다. 이런 자원들을 잘 마련할수록 목적지에 보다 완전하게 도착한다.

● 계획하는 일을 습관화하라

계획하는 일이 자신의 삶과 일치가 되면 더욱 효과적으로 목표를 이뤄 나갈 수 있다. 그러므로 평소에 계획하는 습관을 기르도록 하라. 다음의 방법들은 계획하는 일을 습관화하는 데 도움이 될 것이다.

- 생각하면서 살라. 매사에 신중하게 사려 깊은 태도를 가져라. 그러면 시행착오도 예방할 뿐 아니라 좋은 아이디어도 얻을 수 있다.
- 목표의식을 가지고 행동하라. 목표의식을 가지면 많은 것을 볼 수 있고 많은 것을 느낄 수 있다.
- 우선순위 감각을 키워라. 중요한 일과 사소한 일, 먼저 해야 할 일과 나중해야 할 일, 내가 해야 할 일과 다른 사람이 해야 할 일을 구분하라.
- 큰 일이나 작은 일이나 모두 계획하라. 그리고 평범한 일도 탁월하게 하라.
- 작은 행동 하나라도 늘 점검하고 효율성을 높인다. 자기 자신의 행동에 대해 연구하라. 인풋을 줄이고 아웃풋을 향상시키는 방법을 생각해 보라.
- 먼 미래를 바라보는 안목을 길러라. 예측을 잘 할수록 효과적으로 계획할 수 있다.
- 반성과 평가를 생활화한다. 평가 없이는 잘못을 발견할 수도 없고 진보할 수도 없다.

- 메모하기를 생활화한다. 그러면 좋은 정보를 모을 수 있고 잊어버리는 것을 예방할 수 있다.
- 정리정돈을 생활화한다. 그러면 머리가 정돈되어 일에 효율을 높인다.
- 규칙적으로 생활한다. 기상과 취침, 식사시간, 일을 시작하는 시간을 규칙적으로 하라. 삶에 질서도 생기며 건강도 좋아진다.
- 융통성 있게 스케줄을 조정한다. 목표 달성을 위해 효과적인 방법을 늘 강구할 필요가 있다.
- 판단과 결단을 제때 정확히 한다. '예'와 '아니오'를 분명히 한다.
- 많이 계획해 보라. 계획도 연습과 훈련을 통해서 그 능력이 자란다.

5. 시간을 전략적으로 사용하라

이 세상의 모든 생명체는 시간의 지배를 받고 있다. 목표를 달성하기 위해서는 시간을 가장 효율적이고 효과적으로 사용해야 한다. 시간에 대해서 연구할수록 시간이 얼마나 다양한 잠재력을 가지고 있는지 놀라게 될 것이다.

시간을 잘 활용한 사람에게는 막대한 부와 행복이 주어지지만 시간을 낭비한 사람에게는 혹독한 손실이 있게 된다. 일생이란 시간의 단위는 개인의 비전을 이루기에 충분한 시간이다. 시간을 관리하는 능력을 꾸준히 향상시켜라.

● 건전한 시간의식을 가져라

현대인들이 가장 관심을 갖는 요소는 시간이다. 최근 옥스퍼드대학 출판부에서 현대인들이 사용하고 있는 영어 단어를 분석한 결과, 가장 많이 사용하는 단어가 '시간(time)'

임을 발표했다. 이는 시간에 쫓기는 현대인들의 삶을 반영하고 있다.

시간은 모든 사람에게 공정하게 주어지지만 시간을 관리하는 능력은 사람마다 큰 차이가 있다. 얼마 전 조사에 의하면 한국인의 일의 효율성은 미국인의 4분의 1, 일본인의 3분의 1이라고 한다. 우리나라 사람들은 매우 비효율적으로 시간을 관리한다는 말이 된다. 개인과 국가의 경쟁력 향상을 위해서도 시간관리를 소홀히 하면 안 된다.

시간을 관리하는 모습은 그 사람이 어떤 사람인가를 잘 말해 주고 있다. 모든 성공한 사람들은 시간이 얼마나 귀중한지를 잘 알고 있으며 시간을 체계적으로 관리하는 방법 또한 잘 알고 실천한다.

시간은 제한된 자원이다. 시간은 모든 부(富) 중에서 가장 으뜸이 된다. 시간의 공급은 고정적이고 변하지 않는다. 하루는 24시간이다. 시간은 저축할 수 없고 그때 그때 써야 한다. 시간은 그 무엇으로도 대치할 수 없는 독특한 것이다. 그리고 한번 지나간 시간은 되돌릴 수 없다.

시간은 잘 관리하는 사람에게 엄청난 유익을 가져다준다. 바쁨과 서두름에서 해방시키며, 매일의 목표를 달성하게 해주며, 여유를 가지고 삶을 즐길 수 있게 해준다. 더 나아가서

일생동안의 꿈과 비전을 달성하게 해 준다.

이와 반대로 시간은 잘 관리하지 못하는 사람에게 무서운 보복을 가한다. 실패감과 좌절감을 안겨주기도 하고, 바쁨과 서두름의 노예가 되게도 하며, 마음의 평화도 앗아간다. 그러므로 효과적인 시간관리는 누구에게나 필수이다.

무엇보다도 현재 자기의 시간관리 습관을 올바로 통찰하고 낡은 시간관리의 패러다임을 바꾸는 것이 중요하다. 시간을 현명하게 쓰도록 날마다 연구하고 노력해야 한다.

우선 매일 10분만이라도 조용한 시간을 따로 마련하여 차분하게 그날의 계획을 세우는 일을 해보자. 아무리 바빠도 숙고할 시간을 정기적으로 가지는 사람이 남보다 앞서갈 수 있다. 이런 조그만 행동이 나중에 큰 결과를 가져온다.

● 크로노스와 카이로스의 개념을 잘 파악하라

고대 그리스인들은 크로노스와 카이로스의 시간이 있다고 믿었다. 이것은 오늘날도 보편타당하게 인정하는 시간의 개념이다.

크로노스는 제우스의 아버지의 이름을 본 딴 것인데 시계, 시간을 뜻한다. 시계와 달력으로 잴 수 있는 모든 시간의 단위를 말한다. 1초, 1분, 1시간, 1년은 모두 크로노스이다.

카이로스는 제우스의 막내아들 이름을 본 딴 것인데 '의미가 있는 시간'을 뜻한다. 좋은 시기, 나쁜 시기, 기회, 위기 등은 모두 카이로스이다. 어떤 사건이 일어나는 때가 카이로스이다. 의미 깊은 체험을 하는 때도 카이로스이다.

이 두 가지 개념만 잘 파악해도 시간을 관리하는 데 크게 도움이 된다. 크로노스와 카이로스는 별개의 개념이기는 하지만 서로 연관된다.

감을 예로 들어 보자. 꽃 피고 열매 맺고 그 열매가 익는다. 이런 과정에서 수개월의 양적인 시간(크로노스)이 필요하다. 그런데 적당한 시기(카이로스)에 따야 한다. 너무 일찍 따도, 너무 늦게 따도 안 된다. 대기만성(大器晚成)이란 말도 이와 비슷한 뜻이다. 꾸준히 노력하면 언젠가는 빛을 볼 날이 오는 것이다.

시간의 예산 편성

너무 바쁜 것도, 너무 한가한 것도 좋지 않다. 가장 좋은 형태는 자신이 다스릴 수 있는 정도가 되는 것이다. 약간 바쁜 듯한 것이 좋다. 그렇게 하기 위해서는 적당한 시간배분을 해야 한다.

어떤 일을 하든지 시간을 잘 짜야 한다. 즉, 스케줄을 만들어야 한다. 그렇지 않으면 대부분의 시간이 의미 없이 분산되어 버린다.

업무의 목적을 파악하고 그 목적을 달성하기 위한 행동 순서를 만들고 그 순서 중에서 필요 없는 것을 삭제하되 전체적으로 균형 있게 시간표를 만든다.

중요한 일에 양질의 시간을 충분히 투자하고 중요하지 않은 일에는 될 수 있는 한 시간배분을 적게 해야 한다. 별로 중요하지 않은 일에 매이는 것은 시간낭비다.

매월 반나절 동안은 잡동사니를 처리하는 시간으로 잡아 놓자. 조그만 일들이 계속 쌓이게 되면 나중에 효율을 크게 떨어뜨리게 된다.

● 효과적인 시간관리

일의 능률을 높이기 위해서 다음과 같은 방법이 유용하다.

- 늘 목표지향적으로 살라. 미래지향적인 삶이 정상적인 삶이다. 목표가 분명하면 몰입하게 되고 그러면 시간이 지나가는 것조차 의식하지 못한다. 거룩한 목표에 이끌려 살면 매 순간이 신선하고 기쁘다.
- 시간을 자린고비처럼 아껴라. 5분은 긴 시간이다. 1분을 의식하고 살라.
- 중요한 일을 위해서는 지속적으로 많은 양의 시간을 투

자하라.

- 권태와 괴로움을 모두 극복하도록 시간표를 짜라. 할 일이 너무 없으면 권태가 생기고, 너무 많은 일이 닥치면 괴롭다. 권태를 극복하기 위해서는 시간을 압축시키고 다양한 일들을 시간표에 넣어야 하고, 괴로움을 극복하기 위해서는 좀 덜 중요한 일들을 삭제하고 시간을 늘리고 여유를 갖는다.
- 좋은 시기라고 판단되면 시간을 집중적으로 많이 투자한다. 그러나 나쁜 시기에는 인내심을 발휘하여 그 시기가 지나가도록 한다. 인생에도 밀물과 썰물이 있는 법이다.
- 짧은 시간동안 일을 해도 성실하게 마쳐야 한다. 그래서 깊은 인상을 남기도록 한다.
- 시간의 흐름을 늦추라. 빠른 것이 만능이 아니다. 때로는 시간의 흐름에 자신을 맡길 경우도 있다. 미래를 예측하지 못할 때 특히 그러하다. 세월이 약이다.
- 아무것도 하지 않는 것도 훌륭한 시간관리다. 종종 무책이 상책일 경우가 있다. 여백의 시간이 있어야 한다. 반성, 생각하는 시간은 일하는 시간 못지않게 생산적이다. 때로는 덜하는 것이 더하는 결과를 낳기도 한다. 모

든 것을 다 하려고 하지 마라. 리스트에서 몇 가지를 삭제해도 좋다.
- 일상사에 너무 많은 시간을 투자해서는 안 된다. 중요한 시간을 할 시간이 적어진다.
- 어떤 일을 하든지 마감시간을 둔다. 그래야 적당한 긴장감을 가지고 일할 수 있으며 성취감도 얻을 수 있다.
- 의사결정을 할 때는 시간의 속도를 늦추고 심사숙고해야 한다.

6. 바로 행동으로 옮겨라

 계획한 것은 바로 실천해야 한다. 계획과 실천 사이에 공백이 없어야 한다. 보편적으로 인간의 실천력은 약하다. 그래서 머리만 크고 손과 발은 가냘픈 기형아와 비슷하다고 할 수 있다. 행동하는 힘을 키우는 것은 우리의 최대의 과제이다. 교육, 윤리·도덕, 종교의 최종 목적은 훌륭한 가치와 신조를 알게 하고 그것을 실천하는 힘을 길러주는 것이다.

 누구나 '아는 것'과 '깨닫는 것'은 할 수 있다. 그러나 그것을 행동으로 실천하는 사람은 드물다. 의학지식에 대해서는 의사보다 나은 사람이 어디 있겠는가. 그러나 의사 중에도 자기가 아는 지식을 실천하지 못해서 병으로 시달리는 사람이 적지 않다. 또한 아는 것으로 만족하는 사람도 있다. 그런데 머리와 손과 발이 분리되어 있는데도 깨닫지 못한다면 그 사람은 언제나 제자리걸음을 할 수밖에 없다.

 우리가 계획하는 이유는 실천하기 위한 것이다. 실천을 위해서만 목표와 계획이 필요한 것이다.

● 계획했으면 즉시 실천하라

목표와 계획을 세울 때는 신중히 그리고 철저하게 해야 한다. 그러나 행동을 할 때는 좀 너그러워지지 않으면 안 된다. 즉, 너무 조건을 따지지 말아야 한다. 좋은 계획을 세운 후 망설이고 있거나 실행을 지체한다면 기회를 상실하며 그 결과는 우울할 뿐이다. 그러니 우선 실행하라.

단 한 가지 사소한 계획이라도 실행하는 것이 좋다. 존 워너메이커는 "생각하는 것만으로는 아무 일도 할 수 없다"고 입버릇처럼 하고 다녔다.

네덜란드의 화가 렘브란트에게 어떤 사람이 "그림을 어떻게 그리면 좋겠습니까?"라고 묻자 그는 주저 없이 "붓을 잡고 무엇이든 그려 보세요!"라고 대답했다. '어떻게 할까' 걱정만 하지 말고 실행하는 것이 우선이다.

초등학교 1학년인 한 어린이가 학교에서 독후감을 처음 쓴 경험을 일기장에 이렇게 썼다.

"오늘 학교에서 2교시 때 독후감 쓰기를 했다. '어떻게 쓸까' 고민이 되고 가슴이 두근두근 떨렸다. 그래도 마음먹고 이렇게 저렇게 써 봤더니 나도 모르게 한 장을 다 써서 한숨을 돌렸다. 그래서 좋았다. 내가 뽑혔으면 좋겠다고 기도했다. 독후감 쓰기를 그렇게 해서 아슬아슬하게 마쳤다."

누구나 새로운 것을 시작하려면 가슴이 떨리기 마련이다. 그래도 이 어린이는 용기를 내서 독후감을 쓴 것이다. 처음 해 보는 일을 위해서는 어느 정도의 결단력과 용기가 필요하다. 가만히 있지 말고 항상 조금씩 행동해 보자.

일을 잘하는 사람은 늘 조금씩, 조금씩 한다. 그런 사람은 '안 하는 듯이', '매우 쉽게', '가벼운 마음'으로 한다. 하나

가 끝나면 다른 하나를, 다른 하나가 끝나면 또 다른 하나를 하면 된다. "천리 길도 한 걸음부터"라고 했다. '한 걸음'이 중요한 것이다.

영국의 저명한 사상가 토머스 칼라일은 "우리가 해야 할 일은 저 멀리 보이는 희미한 것을 바라보는 것이 아니라 명료하게 바로 앞에 있는 것을 실행하는 것이다"라고 했다.

우선 실행하라. 물론 새로운 상황이 닥칠 것이다. 그러면 정보를 보완하고 계획을 수정해 나가면 된다. 그러는 과정에서 새로운 아이디어와 지식, 경험을 얻게 될 것이고 최종 목표점에 더 신속히 도달하게 될 것이다.

다음과 같은 방법으로 계획을 세워 실천하면 효과적이다.

첫째, 구체적 목표를 정한다. 무엇을(기대하는 최종결과), 누구를 위하여, 왜, 언제까지 할 것인지 정한다.

둘째, 목표 달성을 위해 가능한 행동들을 적는다.

셋째, 위의 행동들 가운데 핵심적인 행동들만 골라 우선순위를 매긴다.

넷째, 실천에 옮기고 '실천계획' 양식에 기록한다.

다섯째, 진행 정도를 행동별로 체크해 나간다. 그리고 수정, 보완한다.

실천계획명 :

구체적 목표
- 무엇을 (기대하는 최종결과)

  _____

- 누구를 위하여

  _____

- 왜 (목적, 가치)

  _____

- 언제까지

  _____

표 준
- 이루고자 하는 주요 결과들 (부속목표)

  ① _____
  ② _____
  ③ _____
  ④ _____
  ⑤ _____

- 예산 : 총 _____ 원

- 기간(일 · 개월) : _____

실천단계	시작(월·일)	마감일(월·일)	예산

실천력을 기르는 방법

어떻게 실천력을 기를 수 있는가. 한마디로 대답한다면 동기부여를 잘 하면 된다. 발동을 걸어 자신을 움직이게 하면 되는 것이다.

다음의 방법들이 실천력을 기르는 데 도움이 될 것이다.

첫째, 왜 그것을 해야 하는지, 그 이유를 분명히 해야 한다. 이유가 분명하면 어떤 방식으로든지 실천하려고 한다. 때로는 하지 않으면 안 되는 궁지에 자신을 몰아넣어라. 그러면 하지 않고는 배기지 못하는 것이다.

둘째, 목표를 잘 정리하라. 잘 정돈된 목표, 가치가 있는 목표를 정하면 그것이 실천할 의욕을 불러일으킨다.

셋째, 완전한 건강상태를 유지한다. 성공하는 사람은 쉽게 지치지 않는다. 그들은 의욕이 충만하여 성취도가 높다.

넷째, 한 번에 한 가지씩만 해 나간다. 그러면 자기도 모르는 사이에 많은 과제를 이루었음을 알게 된다.

다섯째, 작게 시작하고 천천히 실행하라. 이에 대해서는 다음에서 자세히 설명을 하겠다.

작게 시작하라

어떤 일이나 맨 처음 시작이 중요하다. 예술과 체육, 음악이 모두 그렇다. 착실히 연습해 나가지 않으면 실력이 늘지 않는다. 인간의 약점 중에서 가장 큰 것은 허영이라고 한다. 처음부터 큰 욕망과 허영심에 사로잡혀 크게 시작하려고 하면 대부분 실패한다.

단테는 "커다란 결과는 조그마한 가치 있는 것들이 모여 이룩된 것이다. 살찐 성과를 얻으려면 한 걸음, 한 걸음 힘차고 충실하지 않으면 안 된다"고 했다. 또 미켈란젤로는 "작은 것 여럿이 완성을 가져온다. 그러나 완성은 결코 작은 것이 아니다"라고 했다.

기적은 가장 작은 것에서 출발하는 것이다. "티끌 모아 태산"이라는 말이 있지 않은가. 하나라는 숫자가 가장 크다는 말이 있다. 0과 1의 차이는 무와 유의 차이로서 엄청난 차이라고 할 수 있다. 작은 것과 큰 것은 분량의 차이이지 질적인 차이는 아닌 것이다.

좋은 습관과 나쁜 습관은 모두 처음에는 사소한 것에서 시작되는 것이다. 또한 이것은 성공과 실패를 결정하는 분기

점이 되는 것이다.

 사소한 것은 다스리기가 매우 용이하다. 높은 건물에 올라갈 때 한 번에 몇 계단씩 뛰어올라가면 매우 힘이 든다. 그러나 한 계단씩 올라가면 힘이 들지 않는다.

 이와 같이 큰 과제를 한꺼번에 다루려면 힘이 몹시 들고 능률도 오르지 않는다. 그러나 그 과제를 작은 형태로 분할하면 훨씬 일하기 쉽다.

 큰 문제도 작게 나누면 어렵지 않게 해결할 수 있다. 군대에 들어간 신참병이 앞으로 자기가 받아야 하는 많은 훈련과 이에 따른 위험과 그 훈련기간만을 생각한다면 몹시 스트레스를 받을 것이다.

 그러나 실제로 군인들은 간단한 제식훈련부터 시작한다. 사격훈련도 한 단계, 한 단계 실시해 나간다. 기본을 완전히 익힌 다음에야 조금 더 어려운 훈련이 닥쳐오는 것이다. 그래서 누구나 적응할 수 있는 것이다.

 우리의 시간, 사물, 거리를 무한히 쪼갤 수 있다는 것은 우주 전체의 기본 법칙이다. 삶의 리듬은 큰 것과 작은 것, 긴 것과 짧은 것으로 구성되어 있다. 작은 것을 잘 처리해 나가면 나중에 큰 것은 저절로 굴러오게 된다.

 진정한 성공에는 비약이 없는 법이다. 한 번에 한 걸음씩 끊임없이 걸어나감으로써 아무리 거대한 목표라도 도달할 수 있게 되는 것이다.

● 천천히 실행하라

중국의 송나라 때 한 농부가 남의 집 벼이삭은 쑥쑥 잘 자라는데 자기네 것은 자라지 않는 것 같아 자기네 이삭을 모두 길게 뽑아주고 집에 돌아와 대단한 일을 한 것처럼 뽐내었다. 이상하게 생각한 아들이 논으로 달려가 보니 벼이삭들이 모두 시들어 있었다는 이야기가 있다.

일은 해야겠고 마감일은 닥쳐오고 마음이 급하다 보면 조급하여 서두르게 되는 경우가 많다. 더욱이 우리나라 사람들은 전 세계에서 가장 조급한 민족이라는 평을 듣기도 한다. 그 덕분에 우리나라가 급속한 발전을 이루게 되었으나 그 후유증도 만만치 않다.

"천천히 하라"는 말은 스피드 시대를 사는 우리에게 맞지 않는 말처럼 들릴지도 모른다. 그러나 천천히 하는 것이 목표관리에 정석이다. 새로운 일을 시작할 때는 더욱 그러하다. 조기달성을 기대하지 말라. 가치 있는 일일수록 오랜 시간이 걸린다.

영어에 "빨리 가기 위해서 천천히 가라(Go slow to go fast)"는 격언이 있다. 천천히 하는 것이 왜 중요한가. 그 이유는 다음과 같다.

첫째, 사람은 새로운 일을 시작할 때는 누구나 저항에 직면하기 때문에 이것을 최소한 완화시켜야 하기 때문이다. 사람들은 변화의 필요성을 머리로는 인정하나 몸으로는 저항하여 옛 습관 틀에 안주하려고 한다. 그러나 조그만 변화는 저항을 최소화시킬 수 있다.

둘째, 천천히 해나갈 때에 착실한 기초가 생기기 때문이다. 결과를 얻으려면 차근차근 진행해나가야 한다. 골프나 테니스를 배우거나 바이올린을 익힐 때 기초를 닦기 위해서도 많은 시간이 소요된다.

셋째, 인생을 여유 있게 살아가야 하기 때문이다. '주마간산(走馬看山)'이라는 고사성어가 있다. 말을 타고 달리며 산천을 구경한다. 즉, 너무 빨리 달리니까 좋은 경치는 제대로 못 보고 지나간다는 뜻이다. 음식을 급히 먹으면 음식의 진미를 모른다. 책도 수박 겉핥기식으로 읽으면 진짜 독서의 맛을 모른다.

인생에 있어서 만만한 것은 없다. 삶은 어려운 것이다. 아주 멀리 바라보고 일평생을 자신 있게 살아갈 수 있는 든든한 실력을 한 가지, 한 가지 쌓아가야 한다.

목표를 향하여 작게 시작하고 천천히 진행하면 눈에 보이는 효과가 쉽게 나타나지 않을 것이다. 그래도 낙심하지 말고 계속 하다보면 반드시 효과가 나타난다. 그리고 조그만 결과가 자기를 격려하게 되어 계속해 나갈 수 있는 추진력이 된다.

작은 일도 시작했으면 마무리 짓는 것이 중요하다. 미완성 공사가 아니라 하루하루를 철저히 완성시켜 나가는 것이 필요하다. '실천궁행(實踐躬行)'이란 말이 있다. 이 말은 한 가지, 한 가지를 실천해 나가되 끝까지 철저하게 한다는 의미이다. 작은 일이라도 탁월하게 성취하면 기쁨을 느낀다.

7. 정기적으로 평가하라

요즈음의 항공기는 최첨단 장치를 갖추고 운행한다. 항공기는 이륙한 후에 끊임없이 조금씩 항로를 이탈한다. 그러나 기장은 느긋하다. 왜냐하면 몇 대의 컴퓨터가 끊임없이 항로를 수정하고 보완하는 작업을 해주기 때문이다.

인생 여행도 이와 비슷하다. 비록 도달할 목적지를 정해 놓기는 했지만 수많은 상황 변화로 인해 정로를 이탈하기 일쑤다. 그러면 어떤 방식으로 목적지에 도달할 수 있는가. 그것은 끊임없는 점검, 피드백의 체제를 활용함으로써 가능한 것이다. 이런 평가과정을 통하여 수정하기도 하고 보완하기도 하여 올바른 방향을 찾아가는 것이다.

● **일의 모든 과정에서 평가는 필수이다**

평가라는 말은 가치를 판단한다는 뜻이다. 검토, 통제, 확인, 반성, 피드백, 체크란 말들도 거의 같은 뜻을 지닌 말이다. 왜 평가가 필요한가? 그것은 일이 대부분 계획대로 되지 않기 때문이다. 특히 초보자는 일을 추진하는 데 있어서 원래 계획과 빗나가는 경우가 많다.

평가를 하지 않거나 잘못하면 처음 의도한 것과 전혀 엉뚱한 방향으로 가거나 예측하지 못한 나쁜 결과를 가져오게 된다. 평가는 아주 간단한 것에서부터 매우 복잡한 것에 이르기까지 종류가 많다. 쉽게 할 수 있는 것에서부터 전문가라야 할 수 있는 어려운 것에 이르기까지 난이도도 다양하다.

평가는 일을 시작할 때, 진행할 때, 종료할 때 모두 실시하는 것이다. 그래서 시기에 따라 최초평가, 중간평가, 최종평가로 구별될 수 있다.

최초평가는 계획이 실시되기 전에 목표 설정의 타당성을 검토하기 위한 목적으로 한다. 목표를 설정하지만 그 목표가 현실적인가를 확인해 보는 것이다. 확실한 평가를 거치지 않은 기획은 시간과 정력만 낭비할 따름이다.

중간평가는 계획이 실시되는 중간단계에서 궤도를 추적하기 위해 하는 평가이다. "우리는 바른 방향으로 가고 있느냐?"가 여기에서 중요한 질문이다. 아무리 주의해도 궤도에서 벗어나기 십상이다. 그런데 어떤 형태의 평가체제를 만들어 놓으면 정기적으로 진보하는 것을 알 수 있으며 목표에서 빗나가는 것을 식별할 수 있다. 이 평가에서 잘못이 발견되면 시정하거나 보완조치를 해야 한다.

최종평가는 계획을 달성한 후에 실시되는 평가이다. 이것은 성과를 확인하고 달성한 과제를 통하여 교훈을 얻고자 하는 것이다.

평가는 자신이 하느냐, 혹은 다른 사람이 하느냐에 따라 주관적 평가와 객관적인 평가로 나눌 수 있다. 주관적인 평가는 과제를 달성한 후에 행동의 주체가 어떻게 느끼느냐에 달려 있다. 즉 만족감을 느끼느냐, 혹은 좌절감을 느끼느냐 하는 것이다.

평가기준을 높이 잡은 사람과 낮게 잡은 사람은 차이가 난다. 예를 들면 올림픽 경기에서 메달을 탄 사람의 주관적 평가는 각각 다르다. 우리 생각에는 금메달 받은 사람이 제일 만족감을 느끼고, 다음은 은메달을 받은 사람이고, 그 다음에는 동메달을 받은 사람이라고 생각하기 쉽다. 그러나 실상은 다르다는 것이다. 제일 만족도를 느끼는 사람은 동메달을 탄 사람이고, 그 다음에는 금메달을 탄 사람이고, 마지막으로는 은메달을 탄 사람이라고 한다.

주관적 평가는 개인의 감정에 치우치기 때문에 객관적인

사실을 어느 정도 무시할 수 있고 전체를 못 보고 부분만을 볼 수도 있다. 객관적인 평가는 객관적인 사실에 근거하여 평가하는 것이다. 그것은 설정한 목표와 달성한 실적을 비교하여 평가하는 것이다.

그런데 기본적인 것은 자기 자신의 주관적인 평가이다. 자신이 최선을 다해 계획을 수행한다 할지라도 실패할 경우가 종종 생긴다. 그러면 새로운 현실에 비추어서 목표를 수정해야 한다. 자기 평가란 말로는 쉽지만 실제로는 어려운 것이다. 자기 업적에 대해 엄밀하게 객관적인 평가를 내린다는 것이 쉽지 않기 때문이다. 그러나 객관적인 평가 자료를 갖추고 결과를 잘 분석하는 능력을 기른다면 평가의 정확도가 높아질 것이다.

우리나라 사람들의 공통적인 약점 중의 하나는 평가를 싫어하는 것이다. 기록 남기기를 좋아하지 않고 평가도 하지 않으려고 하니 시행착오를 계속하는 것은 당연한 일이다.

얼마 전에 한 대학교수는 우리나라가 환란(IMF)을 만난 지 10년이 되었지만 이에 대한 백서(白書) 하나 발행되지 않았다고 개탄하였다. 개인이나 단체나 국가가 시행착오를 줄이고 지속적으로 발전하려면 평가의 가치를 새롭게 인식하지 않으면 안 된다.

● 효과적으로 평가하라

 자동차 점검은 정기적으로 하는 것이 좋다. 그러면 교통사고를 예방할 수 있고 차의 수명도 늘릴 수 있다. 엘리베이터 점검도 정기적으로 해야 한다. 자기 몸의 검진도 정기적으로 하는 것이 현명하다.

 일의 진행에 있어서도 자신의 능력을 믿는다 할지라도 정기적으로 피드백을 구하는 것이 좋다. 정기적으로 점검을 하면 문제가 확대되는 것을 예방할 수 있고 당혹감을 줄일 수 있다. 또한 개선의 수단과 방법을 빨리 찾을 수 있다.

 평가를 위해서는 우선 평가기준을 세우고, 수행한 것을 측정하며, 목표에서 이탈한 것을 수정해야 한다. 기준이 없이는 평가할 수 없다. 기준은 목표와 계획, 스케줄 등이다. 이런 것들이 없으면 성과를 측정할 수 없다. 수정은 설정한 목표와 실제 달성한 결과를 비교하여 얼마나 차질이 생겼는가를 밝히고 이에 대한 대책을 강구하는 것이다. 즉, 목표를 조정한다든지 계획을 달리하는 것이다.

 점검을 하거나 평가를 할 때 우선 본인의 마음가짐이 중요하다. 열린 마음을 갖고 진행사항이나 결과를 정직하게 살펴보는 태도가 중요하다. 남이 평가해 주거나 조언을 할 때 기분 나쁘게 대해서는 안 된다. 겸손한 태도로 조용히 들어야 한다. 그리고 남이 평가해 주는 사실에 대해 나 자신의 정당성을 주장하거나 변명해서는 안 된다. 평가해 주는 사람에게 무조건 감사하다고 해야 한다. 그래야 추후에도 당신의 일에 관심을 가지고 조언해 줄 것이다.

최상의 조언자는 당신의 배우자이다. 배우자 의견을 존중해 주라. 다른 사람의 평가나 조언은 당신이 미처 발견하지 못했던 강점이나 약점을 발견하게 하고 앞으로 발전할 수 있는 영역과 극복할 장애물을 알 수 있게 한다.

목표를 이룰 수 있도록 도와 줄 수 있는 지원그룹의 사람들을 찾아라. 당신을 도울 수 있는 지식과 경험이 있고 평소에 관계를 맺고 있는 사람들을 선택하라. 적당한 질문을 통해서 그들의 의견을 구하라.

꾸준히 좋은 인맥을 형성하라. 그들은 당신이 성공하기를 원할 것이고 계속 당신을 도울 것이다. 그리고 당신도 그들에게 좋은 조력자가 되어 주라.

평가를 위한 질문들은 다음과 같다.

· 왜 이 활동이 필요했는가. 주요 목적이 무엇이었나.

- 무엇을 달성했는가. 비용과 시간은 적절하게 배당했는가.
- 어디서 수행했는가. 기술과 장비가 좋았으며 환경도 최적 상태였는가.
- 어느 시기에 수행했는가. 가장 좋은 시기였는가.
- 누가 이것을 했는가. 누가 그 일의 적격자였는가.
- 혼자 했는가. 여럿이 했는가. 무슨 기술을 사용했는가. 올바른 과정을 택했는가.

평가 결과가 나왔으면 그 결과와 과정을 충분히 분석하여 반성할 점, 문제점, 교훈 등을 찾아내 다음에 유효적절하게 활용해야 한다. 그런데 왜 설정한 계획과는 다른 결과가 나오는 것일까. 그것은 여러 가지 원인이 있다. 계획대로 추진하지 않았거나, 상황이 달라졌거나, 의지력이 부족했거나, 게을렀기 때문이다.

● 상급자가 하급자를 평가할 때는 이렇게 하라

직장에서 상급자가 하급자를 평가할 때는 어떻게 하는 것이 좋은가. 평가는 감사와는 다른 것이다. 평가의 근본목적은 향상과 진보를 위한 것이다. 그런데 직장에서 상급자가 하급자를 평가할 때는 조심해야 할 요소들이 많다.

우선 상급자가 하급자를 평가할 만한 판단력과 능력이 있어야 하며 서로 관계가 좋아야 한다. 관계가 나쁠 경우에는 감정이 앞서게 되므로 올바른 평가가 이루어지지 않는다.

상급자는 평가의 목적을 하급자에게 잘 설득할 필요가 있다. 평가의 결과로 인하여 불이익을 받게 되는 것이 아님을 하급자에게 알려주어 편안하게 평가받게 해야 한다.

하급자가 일을 잘못하고 있을 때 개선할 가능성을 말해준다든가, 잘한 부분을 칭찬하는 것은 사기를 북돋는 데 필요한 조건이다. 평가를 잘 해야 하급자가 일을 더 잘하게 되고 직장 전체의 효과성도 높아지는 것이다.

감독자들은 자기 부하들의 성취 기준과 실제 달성도를 비교, 검토하지 않으면 안 된다. 얼마나 목표를 달성했는지 잘 파악해야 한다. 이것은 관리기능 중 가장 어려운 부분에 속한다. 그럼에도 직장의 발전과 부하의 능력 향상을 위해서 필수적으로 해야 하는 과정이다.

감독자들이 부하들을 평가하기 전에 반드시 업무내용을 명확하게 하고 평가기준을 분명히 설정해야 한다. 평가를 할 때 보고서에만 의존하면 안 되고 서로 진지한 대화를 하는 것이 좋다.

부하의 업적을 전체적으로 검토하고 진도에 대해서 서로 함께 세밀하게 검토해 본다. 상호 긴밀하게 협동해서 일하고 양자의 생각이 같은 차원에서 움직이고 있을 때 좋은 성과가 나타난다. 이렇게 해서 만족할 만한 평가가 이루어지면 감독자는 부하의 신뢰와 존경심을 얻게 되고 직장 전체에도 좋은 파급효과가 생기게 된다.

이런 방식은 직장에서만 적용되는 것이 아니다. 부모와 자녀 사이, 선생과 학생 사이에서도 잘 활용할 수 있다.

● 평가를 생활화하라

평가를 너무 거창하게 생각할 필요는 없다. 우리는 늘 내면을 살펴보면서 반성함으로써 평가를 할 수 있다. 일기를 쓰는 시간은 평가하는 시간이다. 그리고 더 나은 미래를 가꾸어 나가기 위해서 매일 5분 정도의 체크 시간을 갖는 것이 좋다.

또한 어떤 사소한 일을 한 가지 했어도 평가를 하는 것이 필요하다. 남과 대화를 나눈 일, 시장에 가서 물건을 산 일,

어떤 결정을 한 일에 대해서 되돌아보고 반성하는 것이 유익하다.

일본의 어떤 농부는 농사를 지으면서 매일 한 가지 이상 시정할 점을 발견해 나갔다고 한다. 이렇게 20년을 하니까 자기도 모르는 사이에 농사의 전문가가 되었다고 한다. 평가만이 완전에 이르는 가장 확실한 방법이라는 것을 명심하기 바란다.

당신의 단기계획(1개월, 3개월, 6개월, 1년 등)을 평가하거나 회사(단체)의 프로그램을 평가할 때 다음의 평가서 양식을 참고하여 만들어 보라. 자기에게 편리한 대로 이 양식을 가감하여 사용하면 유용할 것이다.

평가서
1. 연초에 세웠던 목표들은 무엇이었나? 　1) 　2) 　3) 　4) 　5) 　6)

2. 그 목표들이 어느 정도 완성되었나?(달성도에 의한 평가)

목표들	달 성 도							설명(비고)
	1	2	3	4	5	6	7	

1. 전혀 달성 못함   3. 21~40% 달성   5. 61~80% 달성   7. 100% 이상 달성
2. 20% 달성   4. 41~60% 달성   6. 81~100% 달성

3. 목표들을 달성하기 위해 실시했던 중요한 활동들은 무엇이었나?

   (노력에 의한 평가)

   1)

   2)

   3)

   4)

   5)

4. 해야 했던 활동들 그리고 실시 못했던 이유

실시 못한 활동들	그 이유
1)	
2)	
3)	
4)	

5. 부닥친 주요 문제들과 장애물들(복잡곤란도에 의한 평가)

   1)

   2)

   3)

6. 활동을 해나가는 과정 중에서 생긴 재미있는 일과 특기할 만한 사건들(일화 중심으로)

   1)

   2)

   3)

7. 기대하지 않았던 좋은 결과들

   1)

   2)

   3)

8. 결론과 제언

   종합평점을 요약해서 기록하고 반성할 점, 수정해야 할 행동과 얻은 교훈을 요약해서 기록한다.

8. 적절하게 도움을 얻어라

독불장군(獨不將軍)이라는 말은 본래 "혼자서는 장군이 될 수 없다"는 뜻인데, 무슨 일이나 자기 생각대로 혼자 일을 처리하려고 하는 사람을 가리킬 때 흔히 사용한다. 그리고 다른 사람에게 따돌림을 받는 외로운 사람이라는 의미도 가지고 있다.

'사람 인(人)'이라는 한자는 두 사람이 등을 맞대고 있는 모습을 그린 것이라고 한다. 인간은 사회적 동물이다. 인간은 혼자서 살 수 없고 서로 어울리고 서로 돕고 사는 존재인 것이다.

자수성가(自手成家)라는 말은 잘못된 말이다. 누구라도 다른 사람의 도움을 받지 않고 살아갈 수는 없는 것이다. 한 사람의 위대한 성공 뒤에는 수많은 사람들의 협력이 있었다는 사실을 기억하라.

성공한 사람은 고립적이지 않다. 그들은 어떤 형태로든 자신을 돕는 후원자 그룹을 가지고 있다.

● 혼자보다 둘이 낫다

구약성서의 전도서에 이런 말씀이 기록되어 있다.

"혼자서 애를 쓰는 것보다 둘이서 함께 하는 것이 낫다. 그들의 수고가 좋은 보상을 받겠기 때문이다. 넘어지면 일으켜줄 사람이 있어 좋다. 외톨이는 넘어져도 일으켜줄 사람이 없어 보기에도 딱하다. 혼자서 막지 못할 원수도 둘이서는 막을 수 있다. 세 겹으로 줄을 꼬면 쉽게 끊어지지 않는 법이다."(전도서 4:9-10, 12)

우리는 혼자 일하기도 하고 다른 사람과 힘을 합쳐서 일하기도 한다. 혼자 할 수 있는 일이 있고 남의 도움을 받아야 할 수 있는 일이 있다. 공중목욕탕에서 혼자 자기 등을 밀 수 있으나 남이 밀어주면 훨씬 편하고 시원함을 느끼게 된다.

너무 남에게 의존하는 사람도 인격적으로 미숙한 사람이지만, 모든 것을 자기 혼자 하려고 하는 사람도 인격적으로 문제가 있는 사람이다. 필요할 경우 다른 사람의 도움을 적절히 받으면 기대 이상의 효과를 거둘 수 있다.

고대 이스라엘의 지도자인 모세는 많은 돕는 개인과 그룹이 있었다. 돕는 개인은 그의 형 아론과 누이동생 미리암, 그의 부하 여호수아와 갈렙이 있었고 그의 멘토로서는 장인 이드로와 처남 호밥이 있었다. 돕는 후원자 그룹은 70명의 백성들의 원로(장로)였다. 이들의 도움을 받아 모세는 수많은 백성들을 이집트에서 해방시켜 가나안 땅으로 향하게 할 수 있었다.

조선시대의 정조는 정약용과 채제공 같은 훌륭한 신하의 도움으로 화성(수원성)을 비교적 단시일에 건축할 수 있었다. 또 3중고의 장애를 가진 헬렌 켈러는 셜리번이라는 훌륭한 선생의 헌신적인 도움으로 세계적인 명사가 될 수 있었다.

남의 신세를 조금도 지지 않으려는 사람이 있다. 매우 결백해 보이고 똑똑해 보이지만 주고받는 것(give and take)이 정상적인 인간관계라는 것을 모르고 있는 것이다.

서로 협조하며 사는 정신을 기른다면 목표 달성도를 높이고 개인의 고립화와 이기주의를 막아 좋은 인간관계를 맺고 사회의 분위기도 향상하는 효과를 거둘 수 있다.

● 분명하게 도움을 청하라

사람들은 다른 사람을 돕고자 하는 마음을 가지고 있다.

나 자신을 도와 주는 사람은 단기적으로 도움을 주는 사람과 장기적으로 도움을 주는 사람, 공식적으로 도움을 주는 사람과 개인적으로 도움을 주는 사람, 일상생활에 도움을 주는 사람과 구체적인 업무나 문제해결에 도움을 주는 사람 등 다양하다.

적절한 도움을 받을 수 있음에도 불구하고 나의 의사를 상대방에게 분명히 전달하지 못해서 필요한 도움을 놓치는 경우가 허다하다. 나의 의사를 진솔하게 상대방에게 전달하지 못하면 상대방은 내가 원하는 것과 다른 방향으로 행동할 수도 있다. 이렇게 되면 때로는 오해와 배신감을 느낀다.

커뮤니케이션은 그것이 대인 커뮤니케이션이든, 대중 커뮤니케이션이든 왜곡되기 쉬운 성격이 있어서 전달자가 의도한 대로 전달되지 않는다. 왜냐하면 전달자가 애매한 메시지를 전하거나, 적절치 않은 방법으로 메시지를 전달하거나, 수신자가 경청하지 않는 상황이 많이 발생하기 때문이다. 그러므로 효과적으로 메시지를 전달하기 위해서 연구와 노력을 많이 해야 한다.

수십 년 함께 살아가는 부부 사이에서도 자신의 생각과 감정을 서로에게 분명히 전달하지 못하면 협조를 얻을 수 없고 때로는 오해와 갈등이 발생할 경우도 있다.

도움이 필요하다면 상대방에게 분명하게 도움을 요청하라. 이를 위해서는 약간의 용기가 필요하다. 내 딸들은 내가 집필하는 데 필요한 자료를 수집해 주고 아내는 내가 바빠서 가지 못하는 경조사에 대신 가준다. 내가 그들에게 도움을 요청하기 때문이다.

누구에게 어떤 도움을 요청할지를 분명하게 정하라. 올바른 도움을 선택하는 것은 각자 자신의 문제다. 되도록 많은 도움을 받기 원할지도 모른다. 그러나 현명하게 자신과 상대방의 상황을 판단해서 도움을 요청한다면 실질적인 도움을 받을 가능성이 높아진다.

사람들은 아무리 관대할지라도 무작정 도와주지 않는다. 도움을 받는 데는 한계가 있다. 왜냐하면 그들도 자신의 문제를 안고 있기 때문이다.

따라서 도움을 받아야 할 내용을 분명하게 상대방에게 전해야 한다. 어떤 도움이 가장 필요한지, 정확히 어떤 도움을 원하는지 구체적으로 밝혀라.

지나친 요구를 하지 말라. 자신이 일방적으로 도움을 요청하기보다는 "왜 상대방이 나를 도와주지 않으면 안 될까?"에 대해서도 생각해 보아야 한다. 그들이 도와주는 동기에 대해서도 관심을 가져야 한다.

도움을 받아야겠다는 결심이 서면 꾸물거리지 말라. 신속하게 도움을 요청하는 것이 필요하다. 가장 좋은 도움은 상대방으로부터 시의적절하게 받는 도움이다.

도움의 형태는 여러 가지가 있다. 먼저 물질적인 도움이 있다. 자신의 재정적인 곤경에 대해서 도움을 주는 것이다. 정신적인 도움은 자신의 부족한 지식과 아이디어를 보충해 주는 도움이다. 감정적인 도움은 자신이 문제가 있거나 실망했을 때 재기의 용기를 주는 도움이다.

또 시간의 도움이 있다. 자신의 부족한 시간을 상대방이 보충해 주는 도움이다. 자원봉사, 위임, 선의의 협조가 이 부류에 속한다. 리더십의 도움이 있다. 자신의 비전 설정, 전략, 인간관계에 관해 문제가 있을 때 도움을 주는 형태이다. 전문가의 도움이 있다. 의사, 변호사, 교수, 성직자들과 같이 전문 분야의 도움을 말한다.

그런데 한 가지 유의할 것이 있다. 그것은 도움이 무조건 좋은 것은 아니라는 것이다. 선의로 받는 도움이 있고 조건부로 받는 도움도 있다. 조건부 도움은 나중에 대가나 의무가 따른다. 선의의 도움은 그런 것이 없으므로 부담 없이 받는 것이 좋다. 그러니 판단기준을 정확히 정하여 적절한 도움을 요청하라.

● 후원자 그룹을 만들어라

도움을 받는 방식은 자신을 도와주는 그룹을 만드는 것이다. 제도나 시스템이 위력을 발휘한다. 당신은 직접 청해서 도움을 받기도 하고 우연히 도움을 받기도 한다. 주위에 당신을 도와줄 마음을 가진 사람을 많이 만들면 자신은 행운같이 좋은 일들을 많이 경험하게 된다. 물론 당신 자신이 평소에 그들과 깊은 유대관계를 맺는 것이 필수이다.

자신을 진정 도와줄 수 있는 사람들의 명단을 만들어 보자. 세일즈맨은 많은 고객 명단을 가지고 있지만 일반적인 생활인도 인맥의 리스트를 만드는 것이 좋다. 약 20명 정도의 핵심 인맥만 있어도 매우 효과적이다. 이 사람들에게 평소 늘 관심을 갖고 교제를 하여 신뢰감을 쌓아가야 한다. 그러면 그들은 당신에게 언제라도 도움을 줄 수 있다.

또 다른 방법은 어떤 특정한 일을 달성하기 위해 팀을 조성해 보자. 혼자의 힘으로 성공하기란 쉽지 않다는 사실은 분명하다. 노벨상을 수상하기 위해서는 수많은 사람들의 노력이 합해져야 한다고 한다. 혼자 이룰 수 없는 것을 둘은 이룰 수 있다. 팀워크의 위력을 인식해야 한다.

가족, 특히 배우자는 가장 귀중한 조력자이다. 그럼에도 불구하고 많은 사람들은 이 사실을 깊이 깨닫지 못한다. 자기 배우자와 함께 일을 계획하고 팀워크를 이루어 목표를 달성하라. 어려운 일에 봉착할수록 부부 간의 사랑과 팀워크는 절실한 것이다. 배우자에게 늘 관심을 갖고 사랑하고 존중하여 좋은 관계를 유지해야 한다.

● 효과적으로 도움을 얻는 방법

효과적으로 상대방의 도움을 받으려면 도움을 받는 사람의 태도가 좋아야 한다. 다음과 같은 태도가 바람직하다.

- 늘 겸손하게 도움을 요청한다.
- 솔직하게 무엇을 도와 달라고 말한다.
- 자신이 처리해야만 하는 지극히 개인적이고 쉬운 일은 다른 사람에게 부탁하지 않는다.
- 언제나 신의를 지켜야 한다. 말의 일관성, 약속 시간을 잘 지켜야 한다.
- 예절을 지킨다.

- 정기적으로 접촉한다. 전화를 하거나 이메일을 보내거나 직접 만난다.
- 도움을 받은 후 어떤 방식으로든지 감사함을 곧 표시한다.
- 상대방의 도움을 늘 기억하고 상대방이 필요할 때 적극적으로 돕는다.

9. 장애물을 다스려라

아무리 목표를 잘 설정하고 계획을 잘 마련했다고 할지라도 예기치 않은 장애물이 나타나서 방해한다. 넓게 보면 인생 여행은 장애물 경기라고도 할 수 있다. 이런 것들이 나타나는 것을 예견하고 장애물을 현명하게 극복하는 방법을 찾는 것이 중요하다.

● **과거에 얽매이지 말라**

과거라는 망령이 미래를 향하는 우리의 발목을 단단히 잡는다. 과거에 저지른 실수와 실패에 대한 후회와 한숨, 과거의 찬란했던 성공 등이 우리의 앞길을 막는다. 우리나라 사람들처럼 과거에 붙잡혀 사는 사람들도 드물 것이다. 과거에 사로잡혀 있으면 막대한 에너지를 낭비하기 때문에 그만큼 개인의 향상, 사회의 발전이 늦어지는 것이다.

 "이미 되어버린 일은 말하지 않는 것이고, 하지 않을 수 없게 되어버린 일은 연연하지 않는 것이며, 지나가버린 일은 탓하지 말아야 한다. 과거에 그 사람에게 어떤 잘못이 있었던지 간에 언제까지고 그것을 탓하는 것은 좋지 않은 일이다. 또한 이미 되어져버린 일을 가지고 왈가왈부하지도 말라. 이미 끝나버린 과거지사를 가지고 '이랬으면 좋았을 걸', '저랬으면 좋았을 걸' 하고 후회하지도 말라. 이미 다 지나가버렸고 끝나버린 일들이 아닌가. 이는 비단 딴 사람들을 두고 하는 말이 아니다. 자기 자신에게 주는 말이다. 자기의 과거지사에만 집착함은 결코 이익이 없는 일, 따지고 보면 그것은 헛된 일이 아닌가!"

이렇게 《논어(論語)》에서는 과거에 대해서 생각하는 것이 무용하다는 것을 말하고 있다. 과거의 추억이 우리에게 때때로 기쁨을 준다. 과거의 경험이 현재 우리에게 도움을 준다. 그러나 이런 것들이 우리의 삶에 강한 영향력을 행사해서는 안 된다. 과거는 과거일 뿐이다. 우리가 과거에 대한 줄을 과감히 끊어버릴 때 미래의 새로운 서광이 비치는 것이다.

● 쉽게 포기하지 말라

피아노 연습 책 가운데 가장 많이 팔리는 것은 초보자용인 바이엘 교본이고, 영어회화 책 가운데 가장 많이 팔리는 것은 초급과정의 책이다. 이것은 쉽게 시작하나 또한 쉽게 포기하는 사람의 보편적 약점을 보여주는 증거이다. 성공하는 사람들에게서 뚜렷이 볼 수 있는 성질은 끈기이다. 그들은 쉽게 포기하지 않는다.

영국의 철학자 토머스 칼라일과 그가 남긴 세기의 명저 《프랑스 혁명사》에 관련된 이야기가 있다.

토머스 칼라일은 빈곤과 곤란 가운데서 자료를 수집하고 원고를 써 나갔다. 장장 7년을 걸려서 탈고를 한 그는 대단한 보람을 느꼈다. 그는 존 밀이라는 선생에게 원고를 감수해 달라고 부탁했다. 그 선생은 한 달 후에 오라고 했다.

그런데 다음 날 아침 그 선생의 가정부가 보지 못하던 웬 종이뭉치가 책상 위에 놓여 있는 것을 보고 아무 생각 없이 집어다가 난로에 집어넣고 불을 지폈다. 7년 동안의 노고가 순식간에 재로 변한 것이다. 이것을 알고 그 선생은 몹시 당황하였다. 당장 칼라일에게 알리지 못하고 한 달을 기다렸다. 한 달 후 이 사실을 안 칼라일은 정신적 충격으로 쓰러졌고 몇 달 동안 미친 사람처럼 행동했다. 자살도 기도했다.

그러던 중 새봄이 왔다. 그가 자기 집 창문을 열었을 때 저 멀리 보이는 마을에서 목수들이 집을 짓고 있는 모습이 눈에 들어왔다. 집을 짓기 위해 벽돌을 쌓아가는 미장공들을 보면서 그는 속으로 '저렇게 벽돌을 쌓아 올려서 언제 집을 완성한단 말인가' 하고 생각했다.

약 두 달이 지났을 때 그가 창문을 열고 건너편 마을을 바라보니 어느새 그 집이 완성되어 있는 것이 아닌가. 그는 깊이 깨닫게 되었다. '매일 조금씩 완성하는 일의 결과가 얼마나 대단한가. 옳지! 나도 자포자기해서는 안 되겠다!' 라고 결심한 그는 새로운 용기와 희망을 갖고 처음부터 다시 쓰기 시작했다.

그리하여 다시 7년간에 걸쳐서 더 훌륭하게 그 원고를 완성했다. 명저 《프랑스 혁명사》는 이렇게 만들어진 것이다. 당신이 만약 쉽게 포기하는 사람이라면 이 일화를 통해서 교훈을 얻기 바란다. 포기하지 않고 다시 시작한다는 자세가 중요한 것이다.

에드가 게스트는 이런 시를 썼다.

하나의 깨어진 꿈은 모든 꿈의 마지막이 아니다.
하나의 부서진 희망은 모든 희망의 마지막이 아니다.
폭풍우와 비바람 너머로 별들은 빛나고 있으니
그대의 성곽들이 무너져 내릴지라도
그래도 다시 성곽 짓기를 계획하라.
비록 많은 꿈이 재난에 무너져 내리며 고통과 상한 마음이
세월의 물결에서 그대를 넘어뜨릴지라도
그래도 신앙에 매어 달려라.
그리고 그대의 눈물에서 새로운 교훈을 배우기를 힘쓰라.

인생에 있어서 일시적인 후퇴는 전략상 필요하다. 후퇴

없는 전진은 없다. 어떤 때는 선회를 하지 않으면 안 된다. 그런데 후퇴나 선회가 다 바람직한 것은 아니다. 경우에 따라서는 그런 것들이 패망을 초래할 수 있다.

자기가 종종 실패했다는 느낌을 가질 때가 있다. 그럴 경우 어느 특정한 시기에, 특정한 노력에 성공하지 못했다고 이해하고 전적으로 실패했다고는 생각지 말아야 한다.

● 실패감과 좌절감을 극복하라

사람은 자신이 원하는 목표를 달성하지 못하면 실패감과 좌절감을 느끼게 된다. 실패했을 때의 감정은 쓰라린 것이다. 그러나 항상 자기가 마음먹은 대로 되어야 한다는 것은 하나의 망상이다. 실패를 받아들이지 못하는 완벽주의자가 장기적으로 보면 더 실패자일 수 있다. 만약 실패와 좌절을 극복할 수만 있다면 보다 발전하는 삶을 살아갈 수 있다.

그렇다면 어떻게 실패를 다스릴 수 있을까. 우선 목표를 다시 검토해 보라. 실패한 가장 큰 원인은 비현실적인 목표를 세웠기 때문이다. 자기 분수에 맞지 않는 큰 목표를 세우면 좌절감도 더 크게 느낄 것이다. 너무 큰 것을 얻으려는 것은 과욕이며 허영이고 교만이다.

수단이나 방법도 다시 확인해 보라. 목표를 세워 일을 추진해 나가지만 일을 해 나가는 태도와 방법, 그리고 수단이 서툴러 좌절감을 일으킬 수 있다. 목표의 수준이 높을수록 그것을 달성해 가는 과정도 차분하고 치밀하지 않으며 안 된다.

인생은 마라톤 경주와 같다. 단거리 경주처럼 생각하여 온 힘을 다해 질주하다가 쉽게 기진맥진하는 경우가 많다. 마음의 여유를 항상 갖고 실패의 원인을 검토하고 분석하여 올바른 수단과 방법을 다시 찾아내라.

그리고 낙관적으로 생각하라. 과거에 실패했던 경험 때문에 아무것도 해보려고 하지 않는 실패병 환자가 있다. 인생을 쉽게 살려고 생각하지 말고 어느 정도의 모험은 기꺼이 감행하라. 일이 잘 안 될 때는 그것이 정상이라는 생각을 하는 것이 좋다. 그리고 다음에 좀더 잘할 수 있다는 확신을 가지고 나가라.

의욕을 다시 찾아라. 어떻게 다시 의욕을 찾을 수 있을까. 흐트러진 자세를 바로 잡고 자신의 모습이 되는 것이다. 그 다음에는 비전과 목표를 새롭게 하는 것이다. 자신감도 되찾고 인내와 결심도 새롭게 하라.

● 근심과 걱정을 털어버려라

　근심, 걱정, 불안, 공포는 모두 한 형제들이다. 우리의 삶은 불확실하여 심지어는 24시간 내에 무엇이 일어날지 알 수 없다. 매우 좋은 일도 생겨나고 가슴 아픈 일도 일어날 수 있다. 현대인은 근심, 걱정으로 인해 발생하는 병이 가장 많다고 한다. 정신병은 계속 늘고 자살자도 점점 증가하고 있으며 각종 사고는 더욱 많아지고 있다.

　근심, 걱정은 우리에게 많은 해와 손실을 준다. 두려움은 현재의 행동을 흔들어버리고 모험을 하지 못하게 한다. 평소에 근심과 걱정을 잘 다스리는 연습을 하라. 근심, 걱정을 해서 해결되는 문제는 없다. 근심, 걱정은 아직 일어나지 않은 것을 마치 일어난 것처럼 여기게 하는 비합리적인 감정이다.

　근심거리가 생겼을 때는 그 문제의 핵심을 종이에 적어두고 당분간 미루어 놓는다. 그리고 1주일 후 그것들을 다시 살펴보고 점검을 한다. 대부분의 어려움은 이미 사라져버린 것을 알게 될 것이다. 또 근심거리가 생겼으면 신속히 기분전환을 하라. 드라이브를 해도 좋고 등산을 해도 좋다. 자기에게 맞는 기분전환 방법을 사용해 보아라.

우리 능력으로 어찌할 수 없는 것은 받아들여라. 먼저 최선을 다해 보는 것을 잊지 말아야 한다. 최악의 경우를 생각해 보고 아직은 그 지경에 이르지 않았다는 것을 다행으로 여겨라.

소망을 찾으라. 근심, 걱정으로 인해 앞이 보이지 않는다. 비전을 새롭게 하고 소망을 찾으면 근심, 걱정을 극복할 수 있다. 그리고 확신을 가져라. 어떤 문제든지 해결할 수 있다는 자심감이 충만해야 한다. 종교적인 신앙을 갖는 것도 매우 유익하다.

하루씩 사는 비결을 배우라. 그날의 근심은 그날에 마감된다. 심각한 상태인 경우는 1시간 단위로 살아 보아라. 아울러 항상 마음속에 평안을 유지하라. 마음을 비우는 연습을 해 보라. 그 다음에는 적극적이고 건설적인 생각으로 꼭 채우라.

● 강한 믿음을 가져라

미래를 향하여 나가는 데 가장 걸림돌이 되는 것이 약한 믿음, 제한된 믿음이다. 불가능한 것을 도전해서 성공하는 가장 큰 힘은 위대한 믿음이다. 믿음은 삶의 바탕이다. 믿음이 없이는 아무것도 할 수 없다.

예수는 "너희 믿음대로 되리라"(마태복음 9:29)라고 말했다. 두려움과 의심은 사실 믿음이 부족해서 일어나는 현상이다. 처음에는 작더라도 확실한 믿음을 키워라. 그러면 점점 더 믿음이 강해지고 당신은 더 많은 것을 이루어낼 것이다. 그리고 그 믿음의 힘은 생활의 모든 영역에 두루 퍼질 것이다. 당신의 믿음을 계속 확립해 나가라.

당신은 자신이 생각하고 있는 것보다 더 위대한 잠재력이 있다! 당신이 바라는 미래가 현실로 다가올 수 있다! 당신을 도울 사람들과 당신이 사용할 유용한 자원들이 많이 있다! 당신은 성공하기 위해서 태어났다! 이런 사실들을 상기함으로써 믿음을 새롭게 하라. "나는 할 수 있다"는 강력한 말을 만들고, 그것을 정당화할 수 있는 많은 이유들을 찾아내라.

자기 자신에 대한 믿음도 강력하지만 영적인 믿음은 더욱 강력한 것이다. 당신 자신보다 더 위대한 존재에 대한 믿음을 갖는 것이 매우 중요하다. 신에 대한 믿음이 자기 확신에도 직접적인 영향을 미친다.

10. 열정과 일관성을 유지하라

열정과 일관성이라는 이 쌍두마차가 당신을 성공으로 이끌어준다. 열정은 불을 붙이는 힘이고 일관성은 그 불이 계속 꺼지지 않도록 유지하는 힘이다.

이 두 가지만 갖춘다면 성공은 보장된다. 다만 한 가지 단서가 붙는다. 그것은 가치 있는 목표를 추구하는 열정과 일관성이어야 한다는 것이다. 가치 없는 목표에 매달리면 헛수고가 되거나 오히려 해가 된다.

세상에는 사소한 일, 가치 없는 일에 목숨을 거는 사람들이 많은데 이것은 어리석은 짓이다. 추구할 만한 가치가 있다고 확신하면 열정과 일관성을 가지고 계속 나아가야 한다.

● **열정 없이 이루어지는 일은 없다**

열정은 촉매와 같이 특정한 목표에 불을 붙이는 역할을

한다. 열정은 동기가 되는 힘을 공급한다. 《미쳐야 미친다》라는 제목의 책이 있다. 여기서 '미쳐야'라는 말은 '열정을 쏟는 상태'를 뜻하고 '미친다'라는 말은 '도달한다' 또는 '성취한다'를 뜻한다. 열정 없이 이루어지는 일은 없다.

열정이란 단어를 목표관리의 입장에서 정의를 내린다면 '목표를 달성하기 위해서 일하려는 열망과 의도, 혹은 희생하고자 하는 마음'이라고 할 수 있다.

성공하기 위해서는 근면, 재능, 성실, 끈기가 불가결한 요소이다. 그럼에도 이런 요소들이 잘 작용하지 않는다. 왜냐하면 이런 요소들이 우리들의 마음속에서 얼어붙은 상태로 있기 때문이다. 열정을 가져야 이 요소들이 녹아져서 비로소 활발하게 작용하게 되는 것이다.

'현대 음악의 아버지'라고 불리는 독일의 작곡가 바흐는 10세에 아버지를 잃고 형의 집에서 자라게 되었다. 형인 크리스토프는 음악가였는데 유명한 작곡가들의 명곡 사본을 많이 소장하고 있었으나, 동생 바흐에게는 결코 그것들을 보여주지 않았다.

어느 날 밤, 바흐는 식구들이 잠들기를 기다렸다가 조용히 그 악보들이 간수되어 있는 방으로 들어갔다. 그는 악보들을 조심조심 장에서 내려 달빛에 가까이 가져다 놓고는 그리기 시작했다. 그때부터 그는 달 밝은 밤에는 언제나 그 방에 숨어들어가 열심히 악보를 그렸다. 6개월 동안에 악보를 모두 그려낸 그는 비록 눈은 나빠졌지만 소중한 자료를 얻게 된 것을 매우 기뻐했다.

일에 미쳐야 한다. 판매원은 만나는 사람마다 자기 상품을 선전하고, 교수는 자기의 전공분야에 관한 책을 열정적으로 읽으며, 작가는 보고 듣는 모든 것에서 책을 쓸 자료를 열심히 찾는다. 열정 있는 판매원은 문맹에게도 책을 팔며, 전기가 들어오지 않는 오지에 들어가 냉장고를 팔기도 한다. 다른 사람에게 미쳤다는 소리를 들어야 눈에 띄는 성공을 한다.

열정을 잃으면 그 일을 계속하겠다는 욕망도 사라진다. 또한 열정의 불길들이 자신의 마음속에서 끊임없이 타오르게 하는 방법을 알지 못하면 아무것도 이룰 수 없다.

열심이라는 말은 영어로는 'enthusiasm'이다. 이 말은 본래 희랍어 중에서 두 개의 단어가 합쳐져서 생긴 말로서 '당신 안에 있는 신'을 의미한다.

여기서 신이란 진선미, 정직, 사랑 등 모든 덕의 창조자이며 근원을 뜻한다. 이런 신은 열정에 불타오르며 꿈을 실현시키겠다는 굳은 결심을 가진 사람의 마음속에 존재한다. 신이 확실히 그 자리에 존재하는 것이다. 신이 불을 지피는 것이다. 우리나라 말에 '신들렸다'라는 말과 비슷하다.

● 스스로 열정을 만들어내는 방법은

열정을 갖지 않고서는 그 어떤 일도 성취할 수 없다. 같은 일을 해도 열정을 갖고 하면 10분의 1가량의 피로감밖에 느끼지 않는다. 그것은 하는 일에 에너지가 형세 좋게 타서 헛된 소모를 하지 않기 때문이다.

또 열정이 있으면 하는 일이 무리 없이 진행되므로 신이 나서 피곤을 느끼지 않는다. 그러므로 대충대충 일하지 말고 어떤 방법으로든지 열정이 생기도록 하여 일하라. 열정이 없으면 정력이 분산되어서 일을 완성하지 못하게 된다.

그러면 어떻게 스스로 열정을 만들어낼 수 있을까. 그 방법은 다음과 같다.

첫째, 당신의 목표에 정신을 집중해야 한다. 당신의 목표가 가치 있고 매력적일수록 더욱 열정을 갖게 된다.

둘째, 열정적으로 행동하는 것이다. 자신이 하는 모든 일에 활기를 불어넣어야 한다. 말도 활력 있게, 미소도 활기 있게, 악수도 힘차게 해야 한다.

감정들은 항상 행동의 지배를 받는다. 처음 해 보는 일은 누구나 두려워한다. 그러나 일단 하기로 결단하고 열정 있게 행동하면 두려움이 사라진다. 감정, 기분, 정서 등은 모두 행동을 따르기 마련이다.

셋째, 육체와 정신을 최상의 건강상태로 유지하는 것이다. 완전한 건강은 의욕과 열의를 생산하게 한다. 피곤하고 연약한 상태에서는 열의가 솟지 않는 법이다.

넷째, 어떤 과제에 대해 관심을 갖고 계속 연구하는 것이다. 시험 삼아 자신이 거의 흥미를 갖지 않고 있는 대상에 대해서 생각해 보라. 그리고 "나 자신은 그것에 대해서 얼마나 알고 있는가"라고 질문해 보라. 그러면 십중팔구는 "거의 알지 못한다"로 대답할 것이다.

그러므로 열의를 느끼지 못했던 대상에 대해서 보다 많이, 그리고 정확히 알도록 한다. 그러는 과정에서 흥미가 새롭게 유발된다.

다섯째, 흥미와 매력이 있는 일에 참여하는 것이다. 이런 일들은 자기 자신이 의식적으로 노력을 하지 않아도 자연히 열의를 가지게 한다.

여섯째, 일을 완성했을 때 많은 보상과 성취감을 얻는 것이다. 그러면 그 일이 이루어지기를 꿈꾸며 열심히 일할 수 있다.

● 목표를 향한 일관성이 필요하다

새해가 되면 1년 계획을 세운다. 혹은 새로운 상황에 처하면 새로운 목표를 설정한다. 그러나 그런 계획과 목표는 미처 며칠 유지되지 못하고 끝이 나기 쉽다. 목표를 향한 일관성의 부족 때문이다.

일관성이란 꾸준함이고 성실함이다. 그것은 강인한 성격이다. 그것은 어떤 어려움도 감내해낼 수 있는 저력이다. 성숙한 인격의 뚜렷한 특징은 다름 아닌 일관성이다.

자신이 뛰어난 재능을 갖추었어도, 풍부한 자원이 있어도, 훌륭한 환경을 갖추었어도 일관성이 부족하면 아무것도 이룰 수 없다. 일관성은 꾸준함, 성실, 인내, 정열이라는 단어와 한 가족이다.

심리학자들은 사람이 얼마나 목표 달성을 방해하는 조건에 잘 견딜 수 있는지 일명 '마시멜로' 실험을 하였다.

네 살 아이 앞에 아이가 좋아하는 마시멜로와 사탕을 두고 실험자가 다시 돌아올 때까지 참고 기다리면 이 두 가지 모두를 주고, 기다리지 못하는 경우 앞에 있는 벨을 누르면 그 즉시 실험자가 돌아와 둘 중 한 가지만 주겠다고 설명한 후 아이를 혼자 두고 나간다.

먹고 싶은 충동을 견디고 실험자가 돌아올 대까지 참고 기다리는 것이 더 큰 결과를 가져오는 목표가 되는 것이다. 그러나 시간이 지나면서 참기 어렵다는 생각과 빨리 먹고 싶다는 강한 욕망 때문에 벨을 누르고 싶은 유혹은 점차 커진다. 그리하여 어떤 아이들은 벨을 누르거나, 심지어 벨을 누르지 않고 먹어버리기도 한다. 반면 순간적 유혹을 참고 목표를 달성하는 아이도 있다.

이 유혹을 잘 참는 아이는 높은 자존감을 지니고 있었고, 스스로 자신을 다스릴 수 있는 능력이 있었다. 즉, 유혹을 물리칠 수 있다는 자신감이 목표를 이루게 하는 힘이 되는 것이다.

이런 능력을 지닌 아이들은 이후에도 학교성적이 높고 스트레스에 견디는 힘이 강하고 대인관계 능력도 높다고 한다. 또 성인이 되어서도 더 효율적이고 계획적이며 목표지향적인 사람이 되는 것으로 밝혀졌다.

어려서부터 인내하는 습성을 기르면 나중에 성공할 가능

성이 대단히 높은 것이다. 부모와 교사가 유의해야 할 대목이다.

우리의 공통된 약점 중의 하나가 바로 일관성의 부족이다. 그래서 작심삼일이니, 용두사미니 하는 말이 생겨난 것이다. 일관성은 목표 달성을 위한 가장 중요한 성품일 뿐 아니라 리더십을 발휘하는 데도 중요한 역할을 하는 성품이다.

리더는 말의 일관성을 지켜야 한다. 신중하게 생각하여 약속을 하고 이미 약속한 것은 비록 자신에게 해로울지라도 지키는 정신이 중요하다. 그렇지 않으면 스스로 신뢰를 잃게 된다.

나라의 잠재성을 갉아먹는 중요한 원인 중의 하나도 '정책의 일관성의 부족'이다. 전 싱가포르 수상인 리콴유는 자기의 나라가 발전한 3대 요인 중의 하나가 정책의 일관성이라고 말했다. 일관성은 중요한 국가경쟁력이 되는 것이다.

"한 우물을 파라"는 속담이 있다. 그러나 변화무쌍한 현대사회에서 한 우물만 파기란 그리 쉽지 않다. 인생은 길지 않다. 이것저것 하기에는 너무나 짧은 세월이다. 그런데 한 가지 큰 목표를 세우고 일관성 있게 추구해 나갔음에도 실패를 맛보는 사람은 그리 많지 않다.

일관성을 유지하는 방법은

일관성을 유지하려면 어떻게 해야 할까? 다음의 방법들이 도움을 줄 것이다.

첫째, 가치 있는 목표를 세워야 한다. 해야 할 가치를 느끼면 중단하지 않고 계속할 수 있다.

둘째, 실현 가능한 목표와 계획을 세워야 한다. 과도한 목표와 계획은 중단하기 쉽다.

셋째, 감정에 이끌리지 말고 원칙과 계획에 따라 행동해야 한다. 인간은 기분, 감정, 정서에 좌우되기 쉽다. 분명한 원칙과 계획만이 감정의 허깨비로부터 보호해 준다.

넷째, 몇 번 실패한다 할지라도 포기하지 말고 다시 지속해야 한다. 너무 완전주의자가 되지 말라.

다섯째, 일단 결심한 일에 대해서는 자기의 자존심과 명예를 걸고 실시해야 한다. 목표와 자신을 일치시켜라. 스스로 세웠던 목표를 포기하는 것은 자신의 미래를 포기하는 것과 같다.

여섯째, 의지를 가지고 끝까지 인내하여야 한다. 마음속에 솟아있는 산을 넘어라. 인생의 모든 장애물을 다스려라.

인내란 일의 시작과 끝을 완벽하게 책임지는 것이다.

일곱째, 매력 있는 목표, 흥미로운 계획을 추구하는 것이다. 그러면 자연히 지속할 수 있는 힘이 생긴다.

여덟째, 변화를 다스릴 수 있는 능력을 기른다. 예상할 수 있는 변화와 예상할 수 없는 변화가 있다. 변화에 처할 때마다 계획을 융통성 있게 세우고 목표를 달성해 나가라.

11. 목표강박증에서 벗어나라

　목표와 계획을 세우고 그것을 실천해 나가는 형태가 가장 효과적인 삶의 방식이다. 그런데 목표와 계획은 효과적인 삶을 살아가는 데 하나의 도구이지 우상이 아니라는 것을 알아야 한다.

　어떤 사람은 목표에 너무 집착한 나머지 목표강박증 내지 중독증에 빠져 고귀한 자신의 삶을 희생시킨다. 이런 사람은 자신의 눈앞에 목표밖에 보이지 않는다.

　이러한 것을 경계해야 한다. 목표가 당신을 지배하게 하지 말라. 당신이 목표를 지배해야 한다. 목표가 당신의 삶에 과도한 부담이나 압력을 가하면 당신은 심한 피해자가 되고 만다.

　우리가 운전을 할 때는 앞을 바라보는 것이 가장 중요한 일이지만 때로는 뒤와 옆을 바라보는 것도 필요하다. 늘 여유를 갖고 목표강박증이나 중독증에 빠지지 않도록 조심하지 않으면 안 된다.

● 목표중독증에 빠진 사람들

위대한 문필가인 톨스토이는 우리에게 의미 있는 우화를 남겨 주었다. 그 우화의 제목은 '사람은 어느 정도의 땅이 필요한가'이다.

러시아의 농부인 파콤은 러시아 귀족 영지만큼의 광활한 땅을 얻는 것이 성공이라고 확신하고 있었다. 파콤은 어떤 귀족으로부터 일출부터 일몰까지 열심히 달려서 경계를 두른 땅을 무료로 주겠다는 제안을 받았다.

그는 모든 것을 팔아서 이 관대한 증여자가 지정한 먼 땅으로 갔다. 여러 역경을 거친 후에 그는 도착을 하여 이 굉장한 기회를 잡게 되었다.

출발점이 정해지고 해가 뜨자 파콤은 총알처럼 달렸다. 그는 한눈도 팔지 않고 태양빛과 함께 달렸다. 그는 눈부신 햇살과 타는 듯한 열기에도 불구하고 열심히 달렸다. 식사나 휴식을 위해 멈추지도 않고 기진맥진한 채 계속 뛰었다.

해가 지자 그는 비틀거리며 출발점으로 돌아왔다. 그는 성공했다. 일평생의 꿈이 이루어진 것이다. 그러나 애석하게도 그는 마지막 걸음을 내딛으며 숨을 거두었다. 이제 그가 필요한 땅은 2평방미터 정도일 것이다.

얼마 전 우리나라에서 시설 좋은 노인복지기관에 사는 한 할아버지를 TV방송국에서 인터뷰하였다. 그는 95세의 할아버지로서 성공한 분이었다. "인생선배로서 젊은이들에게 당부하고 싶은 말씀을 한마디 해주십시오"라는 기자의 물음에 그는 이렇게 말했다.

"일만 열심히 하지 말라고 당부하고 싶어요. 나는 공부를 열심히 했고 의사로서, 교수로서만 살아왔어요. 아내와 자식과 더 많은 시간을 갖지 못해서 몹시 아쉽습니다. 나는 성공했는데 지금 내 마음은 쓸쓸하고 외로워요. 무엇 때문에 그렇게 열심히 살았는지 회의가 들어요. 내 친구 중에는 평범하게 살면서 자식을 다섯 명 둔 사람이 있어요. 그 친구는 자식들과 왕래도 잦고, 손자손녀들의 재롱도 보고, 명절에 다 모이면 모든 식구가 한 50명쯤 되는데 나는 그게 그렇게 부러울 수가 없습니다."

이 말에서 성공하는 인생이란 진정 무엇을 뜻하는가를 다시 생각해 보게 된다.

목표강박증에 걸린 사람들을 의외로 많이 볼 수 있다. 돈을 벌기 위해서 건강도 가족도 생각하지 못하는 직장인, 사업을 발전시키기 위해 온정신을 기업에 몰두하는 기업인, 박사학위를 따기 위해서 무리하는 교수지망생들, 당선되기 위해서 온갖 수단을 다 사용하는 정치인들 가운데는 목표는 달성했지만 그 후유증 때문에 병으로 시달리거나 심지어는 빨리 죽는 사람이 적지 않다.

상급학교 입시에 실패해서 자살하는 학생들은 어떤가. 입시라는 목표에 그들의 인생이 함몰된 것이다. 인생을 그렇게 좁게 보고 살아서야 되겠는가.

목표강박증 혹은 중독증에 걸린 사람들은 나이가 들어 그들의 인생을 되돌아보며 반성할 수 있는 여유가 생길 때 비로소 자신의 잘못을 깨닫게 된다. 너무 늦게 깨닫는 것이다. 그들은 자신이 다시 인생을 살게 된다면 지난날의 우선순위를 많이 바꿔야 한다고 말할 것이다. 그들은 비로소 자신의 행동이 자신을 속였다는 것을 깨닫게 된다.

● 현재를 즐기며 살아라

미래의 목표 달성도 중요하지만 현재를 즐기는 것도 역시 중요하다. 목표강박증 인생은 미래를 위하여 현재를 희생한다. 일단 목표를 세우면 어떤 수단과 방법을 통해서든지 목표를 달성하고자 한다. 그 목표만 달성하면 가장 행복할 것이라고 믿고 있다.

목표강박증의 사람은 자신이 세운 목표가 달성되지 못하면 심한 좌절감을 느낀다. 이런 사람은 자기목표 달성을 위해서는 배우자와 가족들의 희생을 마다하지 않는다. 철저히 이기주의자인 것이다. 만약 이러한 현상이 뚜렷하면 목표가 당신의 삶을 질식시키고 있음에 분명하다.

물론 목표 없는 인생은 부평초와 같아서 미래를 보장받지 못한다. 그러나 과유불급이라는 말처럼 정도가 지나치면 안 된다. 너무 목표에만 매달리면 그 목표가 자신을 억압하여 삶의 융통성을 제대로 발휘하지 못하게 한다.

우리는 목표지향적인 사회에서 살고 있기 때문에 목표와 계획을 세우고 사는 것이 유익하다. 정해진 일정에 맞추어서 일을 해야 하고, 약속을 잘 지켜야 하며, 세금을 제때 내야 한다.

또한 중구난방으로 사는 사람들에게나 자유분방하게 사는 사람들은 목표를 세워서 좀 긴장감을 가질 필요가 있다. 하지만 목표중독증에 빠진 사람들은 어떤 목표들을 버릴 필요가 있다. 이런 사람들은 목표가 적을수록, 목표가 덜 강압적일수록 좋다.

때로는 목표를 초월할 필요가 있다. 자신에게 있는 것을 감사하며 그것을 잘 활용해서 인생을 즐기는 것이 바람직하다. 그리고 계획적인 삶을 떠나서 때때로 즉흥적으로 시도해 보거나, 새로운 것을 추구하거나, 엉뚱한 것을 해 보는 용기가 필요하다.

가장 많이 쓰는 개성 진단법 중에 'MBTI 지표'라는 것이 있다. 이 분류방식에 의하면 인간은 판단형이 있는가 하면 인식형이 있다. 판단형은 목표와 계획을 철저하게 세우고 행동하는 스타일이고, 인식형은 자연스럽고 유연한 것을 좋아하는 스타일이다.

어느 것이 더 낫다고 단정할 수 없다. 각각 장점과 단점이 있기 때문이다. 그러나 자신에게 가장 잘 들어맞는 형태가 어떤 것인지는 심사숙고해서 결정할 필요가 있다. 또한 자신과 개성이 다르다고 다른 사람을 비난해서는 안 된다.

미래에 초점을 두는 삶에서 때로는 현재에 초점을 두는 삶으로 변경해 보라. 지금 내가 존재하고 있는 곳에서 인생을 마음껏 즐기는 태도도 때로는 유용하다. 우리는 미래의 목표에 이끌려서 일상생활에서 얻는 기쁨들을 간과하고 있다.

목표가 달성되지 않은 것이 더 나은 경우도 있다

오래 전에 우리나라에 와서 설교를 한 미국의 구스탑손 목사의 이야기를 나는 지금도 생생하게 기억하고 있다.

그는 신학교 시절에 같은 반의 한 예쁜 여자친구를 애인으로 사귀고 결혼을 약속하였다. 그런데 그 여자친구가 변심하여 다른 남자와 결혼을 하였다. 그는 매우 마음이 쓰리고 아팠다. 나중에 그는 다른 여자와 결혼을 했는데 먼저 사귄 여자만큼 아름답지 않았으나 매우 교양이 있고 음식솜씨가 뛰어난 여자였다.

30년 후 뉴욕거리를 지나다가 웬 대단히 비대한 여인을 보았는데 자세히 살펴보니 자기가 신학교 시절에 사랑했던 여인이었다고 한다. 그래서 그때 감사기도를 하기를 "하나님, 감사합니다. 저 여자와 결혼을 했더라면 큰일 날 뻔 했습니다"라고 했다고 한다.

어느 고등학생은 자기가 원하던 대학입시에 떨어졌으나, 1년 동안 열심히 공부해서 더 좋은 대학에 들어갈 수 있었다.

내 친구 중 한 사람은 어느 선거에 출마했는데 낙선하였다. 그런데 2년 후에 다시 출마해서 당선되었고 전보다 훨씬 좋은 위치에 오를 수 있게 되었다. 만약 그가 2년 전에 낙선되지 않았다면 그런 기회를 잡지 못하였을 것이다.

인간은 멀리 보지 못하기 때문에 조급하다. 그러니 목표가 달성되지 못하였다 할지라도 너무 상심하지 말아야 한다. 목표를 달성하지 못한 것이 오히려 새로운 기회를 주는 계기가 될 수 있다.

인생을 유유히 헤엄쳐라

목표가 분명하다면, 그리고 방향을 확실히 잡았다면 자신의 생각대로 목표가 빨리 달성되지 않는다고 안달하지 말라. 만사에는 때가 있다. 그러니 예민한 통찰력을 가지고 자기 목표를 조정해 나가는 지혜가 필요하다.

목표의 강도를 높여야 할 때가 있고, 목표의 강도를 낮추어야 할 때가 있다. 젊은이는 높은 목표를 세우고 도전해야 하며, 노인은 될 수 있는 한 현실적인 목표를 세우고 분수 있게 살아야 한다.

히딩크 감독은 "축구를 즐기라"고 한국선수들에게 말했다. 너무 승부에 집착하지 말고 게임을 하듯 축구를 하라고 하였다.

　사람은 모든 게임에서 다 이길 수 없기 때문에 때때로 게임에 져도 그것이 지극히 당연한 것으로 생각해야 한다. 약간의 실수도 허용해야 한다. 주어진 여건 속에서 최선을 다하면 그것만으로도 훌륭한 것이다.

PART 3

탁월한 목표가 이끄는 삶은 행복하다

1. 비전을 추구하는 삶

평범한 사람을 비범하게 만들고, 단조로운 삶에 변화를 주며, 개인과 단체의 삶에 영속적인 활력을 주는 것은 무엇인가. 그것은 비전이라는 신비한 요소이다.

위대한 사람들도 처음엔 평범한 사람들이었지만 그들 자신을 사로잡은 비전을 품게 되자 비전의 위대한 힘이 그들의 삶을 인도하였던 것이다.

비전은 미래지향적인 특별한 꿈이다. 꿈은 누구나 꿀 수 있으나 비전은 미래에 대해서 마음이 열려진 사람만 꿀 수 있는 것이다.

● 비전 예찬

제임스 알렌은 그의 저서 《사람이 생각하는 대로》에서 비전에 대해 이렇게 예찬했다.

"비전을 품은 사람들은 세상을 구원할 수 있는 능력을 지니고 있다. 보이지 않는 세계가 물질세계를 든든하게 지탱해 주듯, 비전은 혹독한 상황에 직면하거나 곤란한 일에 부닥쳐도 그것을 극복하는 힘이 되어 준다. 비전을 품은 사람들은 앞으로 다가올 미래의 창조자이며 천국의 건축가다. 세상이 이토록 아름다운 모습으로 된 것은 전적으로 그들이 있었기 때문이다. 만일 그들이 없었다면 인류는 아주 오래 전에 활력을 잃었을 것이다. 비전을 품고 그 비전을 꾸준히 바라보아야 한다. 내 마음을 설레게 하는 것, 울림이 맑고 아름다운 것, 마음으로부터 사랑할 수 있는 바로 그 무엇인가를 확고하게 가슴에 품어야 한다. 바로 그곳에서 기쁨이 넘치는, 천국과 같은 환경이 탄생된다. 내가 꿈꾸던 바로 그 세계가 열리게 되는 것이다."

참다운 비전을 찾은 사람이 가장 행복한 사람이다. 우리의 최대의 사명은 일생동안 추구해야 할 신성한 비전을 발견하는 일이다.

"나는 늦어도 40세에 대학 정교수가 된다."

"나는 일생동안 적어도 100개의 개척교회를 세운다."

"나는 50세가 되기 전에 노인복지시설을 세워 책임자가 된다."

이처럼 자신의 비전을 가져보기 바란다. 비전을 지닌 사람이 가장 강력한 사람이다. 왜냐하면 그는 개인이나 단체의 영속적인 발전을 위한 동력을 소유하고 있기 때문이다. 또한 미래의 불안을 극복할 힘과 현재 당하는 고난을 극복할 힘을 가지고 있기 때문이다. 비전이 있으면 현재의 삶도 더 가치가 있게 된다.

개인의 비전뿐만 아니라 조직이나 단체의 비전 또한 중요하다. 다음과 같은 공적인 비전문의 사례를 참고하기 바란다.

[예문1] S대학의 비전
- 학생 구성원의 다양화 : 다양한 재능을 갖춘 신입생 선발로 역동적인 교육환경 조성, 다양한 배경의 신입생 선발로 학생 잠재력의 상승효과, 우수한 외국학생 유치로 국제적인 환경 조성
- 교원 구성의 다양화 : 타 대학 출신도 교원으로 채용, 양성 평등 채용, 외국인 교수 초빙
- 분과 학문간 경계 허물기 : 예술과 사회에 관심을 갖는 자연과학도 육성, 과학과 테크놀로지에 대한 식견을 갖춘 인문학도 육성

[예문2] S기업의 비전(핵심가치)

- 인재 제일 : '기업은 사람이다'라는 신념을 바탕으로 인재를 소중히 여기고 마음껏 능력을 발휘할 수 있는 기회의 장을 만든다.
- 최고 지향 : 끊임없는 열정과 도전정신으로 모든 면에서 세계 최고가 되기 위해 최선을 다한다.
- 변화 선도 : 변하지 않으면 살아남을 수 없다는 위기의식을 가지고 신속하고 주도적으로 변화와 혁신을 실행한다.
- 정도 경영 : 곧은 마음과 진실되고 바른 행동으로 명예와 품위를 지키며 모든 일에 있어서 항상 정도를 추구한다.
- 상생 경영 : 사회의 일원으로서 더불어 살아간다는 마음을 가지고 지역사회, 국가, 인류의 공동번영을 위해 노력한다.

[예문3] A의료원의 비전

- 고객 중심의 최상의 의료서비스를 제공하고 지역사회 발전에 공헌한다.
- 구성원의 전문적 성장과 발전적 직장문화를 이루어 일할 맛 나는 의료원을 만든다.
- 특성화된 세계적 의료 브랜드를 창출하고 2015년까지 다음의 목표를 달성하고자 한다.

- 수 개의 진료 분야에서 최고 수준에 도달한다.
- 세계적 수준의 연구 경쟁력을 확립한다.
- 의과대학 평가에서 국내 3위 이내로 진입한다.

● 비전을 가진 사람의 특성

 청년이든, 노인이든 비전을 가진 사람은 보통사람들과 다른 점이 많다. 비전을 가진 사람은 다음과 같은 특성을 가지고 있다.

 첫째, 나이를 불문하고 늘 새로운 것을 추구하고 그것을 시작한다. 그리고 일관성 있게 행동을 해 나간다.

 둘째, 가치관이 고상하다. 보편적인 가치관을 가지고 있으며 원칙을 지키려고 한다.

 셋째, 목적이 뚜렷하다. 돈을 벌든, 어떤 위치를 추구하든 왜 그것을 하는가를 분명히 알 수 있다.

 넷째, 현실감각이 뛰어나다. 총체적으로 현실의 모습을 파악할 수 있고 정확하게 현시대의 흐름을 읽을 수 있다.

 다섯째, 먼 미래를 상상해 보는 힘이 있다. 3년 후, 10년 후, 30년 후를 마음의 눈으로 그려 볼 수 있다.

여섯째, 비전의 달성을 위해 몸, 마음, 물질을 아낌없이 투자한다. 그리고 비전을 다른 사람에게 전달하여 열의를 일으키게 한다.

일곱째, 모험심이 있고 문제해결과 위기극복의 지혜와 의지가 있다.

● 비전의 구조

비전은 다음과 같은 요소로 구성되어 있다.

첫째, 자신의 정체성을 나타내는 가치, 철학, 신조, 배경

등의 총화이다. "나는 누구이며 어떤 사람인가?"라는 질문에 대답을 하는 것이다. 물론 이런 것들은 윤리적으로 높은 수준이어야 한다. 올바른 자기 확립이 되어 있어야 올바른 비전을 세울 수 있다. 특히 최상의 가치를 지니고 있어야 지속적으로 발전할 수 있다.

둘째, 비전의 내용과 규모를 분명히 하는 것이다. "나는 일생동안 무엇을 달성하기를 원하는가?" "내가 가장 원하는 바가 무엇인가?" "나의 가장 큰 꿈은 무엇인가?"라는 질문에 대답을 하는 것이다.

셋째, 비전을 달성하기 위한 여러 가지 목표들을 설정하는 것이다. "나의 올바른 길은?" "내가 성취하고자 하는 것들은?"에 대한 적절한 대답을 하는 것이다.

넷째, 목표 달성을 위한 최선의 계획을 세우고 그것을 수정해 가는 것이다.

다섯째, 계획을 실천하고 평가하는 것이다. 특히 평가를 잘 해서 성공과 실패에서 교훈을 얻어야 한다. 평가를 하기 전에는 일이 잘 되었다든지, 실패했다든지 속단해서는 안 된다.

● 미래를 그려보는 연습을 해보자

미래의 시나리오를 머리로 구상해 보고 글로 써보는 것이 필요하다. 간단한 것 같지만 실제로 해보면 쉽지 않다.

우선 시간을 내서 차분히 미래에 대해서 생각해 보자. 미래에 대해서 생각할 때 처음에는 희미하게 보이지만 자꾸 생각하고 수정하면 미래상이 분명하게 보인다.

자신의 미래를 그려보고 나서 다음의 예문들처럼 일기 형식으로 글을 써보면 훨씬 더 생생하고 분명하게 자신의 미래가 드러날 것이다.

[예문1] 10년 후 어느 날의 일기

오늘은 나에게 기쁘고 좋은 날이다. 회사에서 인사관리가 있었다. 고대하고 기다리던 부장이 되었다. 지난 5년간 회사의 발전과 나의 발전을 위해서 열심히 노력했다. 이 회사에 입사한 후에 여러 가지 업무를 맡으면서 시행착오도 여러 번 겪었지만 좋은 사람들을 많이 만나 이제까지 온 것을 감사하게 생각한다.

내가 회사의 업무에 치중해서 아내와 두 자녀와 많은 시간을 갖지 못하게 된 것을 아쉽게 생각한다. 앞으로는 가족과 함께 하는 시간을 많이 갖고자 노력하겠다.

[예문2] 80세 된 어느 날의 일기

나는 지금 50평의 아파트에서 아내와 함께 살고 있다. 손자, 손녀들이 자주 놀러 와서 말동무가 되어 준다. 이른 아침 산책 후 은은한 향의 녹차를 마시면서 아내와 나누는 대화는 언제나 즐겁다.

5년 전에 내가 경영하던 기업의 경영에서 손을 뗐지만 지금도 고문으로 일하며 일주일에 두 번 정도 회사에 출근하여 경영에 대한 상담과 자문을 한다. 종종 벗들이 찾아와서 따뜻한 차를 나누면서 국내의 경제문제에 대해서 이야기를 나누곤 한다.

늘 규칙적인 운동을 하고 종교생활도 계속하여 육체와 마음의 건강을 도모하고 있다. 취미로 60대에 배운 아코디언을 매일 연습하고 가끔 양로원에 가서 연주하여 노인들을 즐겁게 해준다. 노년이 되어도 풍성한 삶을 살아간다고 자부한다.

● 일생계획안을 작성하자

2006년도의 국내 뉴스 중에 가장 특기할 만한 일은 반기문 외교통상부 장관이 유엔 사무총장이 된 것이다. 우리나라가 유엔에 가입한 지 16년밖에 되지 않고, 분단국가라는 취약점이 있음에도 불구하고 유엔의 수장이 되었다는 것은 참으로 획기적이고 자랑스러운 일이다.

충북 음성의 가난한 가정에서 태어난 그가 세계적인 인물이 된 것은 누구라도 큰 꿈을 꾸고 최선의 노력을 하면 위인이 될 수 있다는 것을 웅변적으로 말해주고 있다. 그는 우리나라 청소년들에게 커다란 동기부여를 해주었고 국민 모두에게 자부심을 안겨 주었다.

초등학교 시절에 그는 변영태 당시 외무부 장관의 교내 강연을 듣고 외교관이 되겠다고 결심했다. 그래서 시간만 나면 공장 근처를 배회하다 외국인에게 영어로 말을 걸었고, 나이 차가 상당히 났지만 그들과 친구 사이가 되었다.

그렇게 영어 실력을 키웠고 고등학교 3학년 때 적십자사 주최의 영어웅변대회에 나가 입상을 했다. 그 결과, 케네디 대통령과도 만날 수 있게 된 것이다. 백악관에서 케네디 대통령이 그에게 "장래 희망이 무엇이냐?"라고 물었고, 그는 "외교관이 되겠다"고 분명하게 대답했다. 그 후 44년 만에 세계 최고 외교관의 꿈이 이루어졌던 것이다.

그는 이미 어린 시절에 꿈이 있었던 것이다. 그는 자신이 하고 싶은 일이 무엇인지 확실히 알았다. 그 꿈에 꾸준히 물

일생계획안

당신이 일생동안 이루고자 하는 중점 목표를 연령층별로 적어보라.

연령층	주요 분야	중점 목표
15~24세	- 일/직업 - 가정 - 자기성장(교양, 전문분야, 취미개발, 종교) - 대인관계/사회활동 - 재정계획 - 기타 특기할 사항	
25~34세	- 일/직업 - 가정 - 자기성장 - 대인관계/사회활동 - 재정계획 - 기타	
35~44세	- 일/직업 - 가정 - 자기성장 - 대인관계/사회활동 - 재정계획 - 기타	
45~54세	- 일/직업 - 가정 - 자기성장 - 대인관계/사회활동 - 재정계획 - 기타	

55~64세	– 일/직업 – 가정 – 자기성장 – 대인관계/사회활동 – 재정계획 – 기타	
65세 이상	– 일/직업 – 가정 – 자기성장 – 대인관계/사회활동 – 재정계획 – 기타	

을 주고 가꾸었다. 열심히, 그리고 꾸준히 공부했다. 묵묵히 본인의 위치를 지키며 꿈을 바라보며 움직인 것이다.

그의 인생은 자기 스스로가 개척한 삶이다. 사람이 꿈을 갖는다는 것이 얼마나 중요한가를 알게 해준다. 꿈이 있으면 모든 것이 가능해진다.

당신은 몇 살까지 살고 싶은가. 분명한 나이를 대는 것이 낫다. 어떤 사람은 너무 높게, 어떤 사람은 너무 낮게 목표를 잡는다. 일단 '90세까지 산다'라고 목표로 정하기 바란다.

앞의 양식을 이용하여 자신의 일생계획안의 요점을 기록해 보고 그 계획대로 이뤄 나가기 바란다.

2. 리더십과 목표관리

예수는 "눈 먼 사람이 눈 먼 사람을 인도하면, 둘 다 구덩이에 빠질 것이다"(마태복음 15:14)라고 교훈했다. 지도자가 비전이 없으면 자기뿐 아니라 다른 사람도 큰 곤경에 처하게 만든다. 구약성서의 잠언에는 "비전이 없으면 그 백성은 멸망한다"(잠언 29:28)라고 기록되어 있다.

리더십과 비전은 서로 상호작용을 한다. 비전과 목표는 리더십의 핵심요소이다. 리더는 반드시 목표점과 방향을 제시해 주는 사람이어야 한다. 그리고 리더는 비전과 목표를 제시하고, 사람들로 하여금 그것을 공유하도록 하고, 함께 그것을 달성해 가는 사람이다.

● 리더를 구분하는 기준은 목표와 도전의식에 있다

올바른 리더와 올바르지 못한 리더를 구별하는 기준은 어떤 목표를 세우고 있느냐에 있다. 어떤 확고한 비전을 추구하는 진정한 리더가 있는가 하면 미래에 대한 안목이 없이 상황에 따라 임기응변을 하려는 위선적이고 기회주의적인 리더도 있다.

현상유지에 만족한다면 올바른 리더가 아니다. 리더는 항상 미래지향적인 사람이어야 한다. 리더는 거룩한 목표를 향하여 도전한다. 일상의 안주에서 벗어나 장애물을 두려워하지 않고 믿음을 가지고 나아간다. 그리고 매너리즘에 빠진 일상의 습관을 떨쳐버리기 위하여 날마다 새롭게 자신을 점검하고 다듬는 생활을 게을리 하지 않는다.

리더가 되려면 비전과 리더십이 탁월해야 한다. 그 적극적 이유는 리더가 그 단체의 현재와 미래에 미치는 영향이 절대적이기 때문이고, 그 소극적 이유는 리더가 합당한 능력을 갖추지 못할 경우에는 단체와 자신에게 많은 해악을 가져오기 때문이다.

역사적으로 보면 무능한 리더 주변에는 항상 간신배들과 아첨하는 인간들이 우굴거렸다. 그러한 사람들이 나라를 망치고 자신들도 망했다. 그러므로 리더는 명철해야 하고 모든 면에서 뛰어나야 한다. 비전과 리더십은 리더가 갖추어야 할 기본 덕목이다.

또한 리더가 되기 전에 자신을 다스리는 셀프 리더가 되어야 한다. '수신제가치국평천하(修身齊家治國平天下)'라고 했다. 리더는 특히 자신의 생각과 감정을 잘 다스려야 한다. 또한 남에게 분노를 발하는 것을 주의해야 한다.

리더들은 주어진 상황과 환경이 좋지 않다고 불평하거나 도피하지 않고 어둠 속에서 빛을 발하며 영향력을 행사한다.

배는 항구에 있을 때 안전하다. 그러나 항구에 매어놓기 위하여 배를 만들지는 않았다. 예측할 수 없는 바다를 향해 닻을 올리고 키를 돌려야 목표를 향해 나갈 수 있는 것이다. 거친 파도가 있다고 해서 주저해서는 안 되고 때로는 파도와 싸우며 파도를 타기도 하는 지혜를 터득하면서 새로운 세계를 향해 나가야 한다.

● 리더는 비전과 실천력을 겸비해야 한다

남을 지도하는 사람은 비전에 대해서 잘 알아야 한다. 그리고 비전 실현을 위해 목표를 어떻게 설정해야 하며, 계획 및 전략은 어떻게 수립해야 할지를 알아야 한다. 장기계획과 더불어 단기계획을 수립할 줄 알아야 하고 구체적이며 실현 가능한 목표를 설정해야 한다. 그 성취에 대해 점검할 줄 알아야 하고 하루의 목표를 세우고 그 성취 여부도 체크해야 한다. 가시적 결과가 나타나도록 목표를 관리해야 한다.

대통령의 최고 덕목은 '미래 비전 제시능력과 실천력'이다. 이런 능력이 국운을 가르는 것이다.

두바이의 지도자 셰이크 모하메드는 "우리는 석유에만 의지해서 살아갈 수 없다. 2011년까지 '석유경제' 비율을 제로로 만들겠다"고 말했다. 그런데 베네수엘라의 우고 차베스 대통령은 "석유는 사회주의 혁명의 '씨앗'이다. 석유 팔아 번 '오일머니'로 혁명을 수출하고 민중을 가난에서 구원하겠다"고 했다.

이 두 지도자가 확연히 다른 것은 비전이다. 전자는 비전이 있었고 후자는 없었다. 두바이와 베네수엘라는 모두 석유를 수출해 살아간다. 하지만 두 지도자의 미래를 향한 비전과 실천은 하늘과 땅의 차이가 있다.

두바이의 셰이크 모하메드는 "언젠가 고갈되는 석유에 우리 경제를 맡길 수 없다"라고 하면서 세계 사람들과 돈을 부르는 '비즈니스 허브' 전략을 추진했다. 반면에 베네수엘라의 차베스 대통령은 "우리의 석유매장량은 200년은 간다"라고 하면서 오일머니로 빈민을 위한 무상 의료, 국가 일자리를 공급하는 '인기주의'를 추진했고, 인근 국가에 사회주의를 수출하는 '혁명 전초기지' 전략을 밀어붙였다.

두 지도자가 집권한 지 10년 가까운 지금, 두 국가의 운명은 아주 다르게 바뀌었다. 10년 전에는 큰 차이가 없던 두 나라의 1인당 국민소득이 두바이는 2만 9,000달러이고 베네수엘라는 5,000달러로서 6배 격차로 벌어졌다. 국운을 가르는 것이 국가지도자의 비전과 실천이다.

● **리더를 위한 목표의식을 새롭게 하는 실습**

리더가 목표의식을 새롭게 하기 위해서는 다음의 질문에 답을 기록해 보라.

- 우리 조직의 목적은 무엇인가(우리는 무엇을 하고 있는가, 일하기 위해서 어떻게 조직되어 있는가).
- 우리의 존재가치는 무엇인가. 왜 우리는 이런 일을 하는가.
- 나의 삶의 목적과 철학은 무엇인가.
- 내가 60세 되었을 때 바람직한 모습은 무엇인가.

- 일생동안 마음을 다해서 성취하고 싶은 10가지 목표는 무엇인가.
- 지금 내가 잘할 수 있는 것은 무엇인가.
- 내가 세운 목표는 내 업무의 주요점을 나타내고 있는가.
- 내가 세운 목표는 도전적이고 합리적인가.
- 내가 세운 목표는 다른 부서의 것들과 조화를 이루고 있는가. 그 목표들은 내 상사, 내 부서, 내 회사의 목표들과 일치하는가.
- 내가 세운 목표들을 알 필요가 있는 사람에게 잘 설명하고 이해시킬 수 있는가.
- 목표는 한 문장으로 분명하게 표현되었는가.
- 단기목표들은 장기목표들과 일치하는가.
- 나는 내 직원들이 그들의 목표를 잘 달성하도록 고무시키고 지도할 수 있는가.
- 나는 내 직원들이 달성한 목표들을 잘 평가할 수 있는가.
- 내 일생의 목표에 근접하기 위해 오늘 해야 할 일들을 분명히 알고 있는가. 나의 단기목표들을 알고 있는가.
- 올해의 주요 목표들은 무엇인가.
- 이 달의 주요 목표들은 무엇인가.
- 이번 주의 주요 목표들은 무엇인가.

- 오늘의 주요 목표들은 무엇인가.
- 여러 가지 목표들 중에 중요한 목표들을 골라내어 번호를 매길 수 있는가.

● 유능한 리더가 되려면

자신의 사람들이 구체적인 목표를 향해 정력을 쏟도록 그들을 지도해주는 것은 리더의 가장 중요한 업무이다. 리더는 다른 사람들과 생산적인 관계를 맺는데 노력해야 한다. 목표를 달성하기 위해 다른 사람의 행위에 영향을 주고 조직 내에서 서로 존경하며 팀을 잘 발전시키고 올바른 방향제시를 해야 한다.

그러면 유능한 리더가 되려면 어떻게 해야 할까?

첫째는 의사결정을 잘 해야 한다. 리더의 유능함은 그의 결단력이 어떠한가에 달려 있다. 기분에 따라 결정해서는 안 되고 어떤 목적을 위해서 결정하는 것이다.

둘째는 의사소통의 능력을 높이는 것이다. 의사소통의 중요한 요소는 이해이다. 의사전달은 머리와 마음에 동시에 이루어져야 한다.

셋째는 동기를 유발하는 능력이 있어야 한다. 리더는 그 조직의 목표를 팀을 통해서만 달성할 수 있다. 만약 목표를 달성할 욕망이 없거나 열심히 일하지 않을 때 그들은 과업을 수행하지 못한다. 동기 부여는 참여, 의사소통, 인정, 권한 위임, 도전, 믿음 등의 수단을 사용해야 한다.

넷째는 사람들을 교육하고 훈련하며 개발하는 일이다. 팀 멤버의 지식, 태도, 기술을 발전시키는 것은 리더의 업무이다. 리더는 팀 멤버가 어떤 훈련을 받아야 할지 잘 알아야 한다. 사람을 개발시키는 것은 조직체를 성장시키는 것과 직결되는 중요한 문제이다.

3. 일년의 효과적 목표관리

 남에게 속는 것은 매우 기분 나쁜 일이다. 그런데 이상하게도 자기 자신에게 속는 일에 대해서는 무감각하다. 우리는 종종 자신에게 속으며 살아간다.

 약간의 성공을 거두면 기고만장하고, 조그만 위치에 오르면 자신이 괜찮은 사람이라고 생각한다. 더욱이 자신의 가능성을 펼칠 기회가 많이 있음에도 불구하고 조그만 성공에 만족한다.

 그런가 하면 자신의 팔자타령을 하거나, 요행을 바라거나, 좋은 기회만 오기를 바라고 세월을 허송하기도 한다. "이러저러한 일을 해야 하는데"라는 말을 수없이 반복하지만 조그만 모험조차 하지 않는다. 또한 관심을 갖는 일이 너무 많아 뚜렷한 초점이 없이 살아가기도 한다.

 이런 모든 현상은 자기가 자신을 속이는 일이다. 너무 매너리즘에 깊이 빠져서 같은 일을 반복하고 있으면서도 잘못된 것을 인식조차 하지 못한다. 자신에 대한 올바른 통찰과 깊은 자각이 필요하다.

많은 사람들이 변화를 원하고 있다. 그런데 자신의 현재 상태에 대해 막연한 불만을 느끼기는 해도 그 원인을 구체적으로 알지 못한다.

1년은 지구가 태양을 한 바퀴 도는 주기로서 자연이 제공하는 시간의 단위이다. 1년은 매우 긴 시간의 단위이다. 1년을 효과적으로 관리하면 많은 진보를 이룰 수 있고 삶을 즐길 수 있다.

1년 계획을 효과적으로 디자인해서 변화를 도모해 보라. 잘 짜여진 1년 계획을 따라 한 번에 한 가지씩 실행하다 보면 어느새 자신이 많이 진보한 것을 알게 될 것이다. 우선 조금이라도 변화하려는 결심이 필요하다.

● 1년 계획은 지난 한해의 평가부터 시작하자

과거, 현재, 미래는 연속성이 있다. 계획을 잘 세우기 위해서는 과거의 행적을 잘 살펴보아야 한다. 앞을 향해 나가는데 지장을 주는 요소들을 청산해야 한다. 그러기 위해서는 자신이 지나온 1년간의 삶을 찬찬히 돌아보는 것이 필요하다.

우선 조용한 시간과 장소를 마련해야 한다. 방해를 받지 않는 장소에 가서 1년 설계에만 몰두하자.

첫째로는 지난해 연초에 세웠던 1년 계획표와 업무일지, 일기 등을 한번 쭉 읽어보자. 그리고 특기할 만한 사항들을 노트해 보자. 이렇게 하면 지난 1년간의 일들을 대략 정리해 볼 수 있다.

둘째로는 지난 1년간의 흐름을 전체적으로 평가해 보는 것이다.

셋째로는 지난해 연초에 세웠던 1년간의 목표들을 평가하는 것이다. 목표와 계획은 평가의 기본 도구가 된다. 기대 이상으로 달성된 것은 무엇인가? 기대만큼 달성된 것은? 용두사미로 끝난 일들은? 이러한 것을 점검하고 주요 목표의 달성도를 퍼센트(%)로 환산해 본다. 꼭 했어야 하는데 하지 못한 일들을 발견하면 그것들을 완전히 포기하든지, 새해 계획에 넣든지 하라.

넷째로는 지난해에 자신이 이루었던 업적 중 하이라이트가 무엇인지 발견하라. 그리고 그렇게 할 수 있었던 원인을 분석하자. 이런 성취는 자신감을 주고 아름다운 추억을 남기며 경력관리에도 도움이 될 것이다.

다섯째로는 지난해에 실패했던 일들을 점검해 보고 그 원인이 무엇인지 밝혀보는 것이다. 대부분의 사람들이 실패한 일에 대해서는 생각하기를 싫어한다. 그러나 용기를 내서 그 일들을 쭉 열거해 보라. 그리고 원인을 객관적으로 분석해 보라. 그러면 어떤 곳에서도 얻지 못한 귀한 교훈을 얻을지 모른다.

여섯째로는 가족을 포함하여 다른 사람에게 도움을 준 일이 무엇인지 생각해 보자. 너무 자기 업무에만 몰두하다가 배우자나 자녀, 부모, 친구들에게 소홀히 하지 않았는지 반성하기 바란다. 업무보다는 대인관계에 소홀했던 것이 나중에 더욱 후회스런 법이다.

마지막으로는 자신의 직업, 건강, 가정, 재정, 시간관리, 전문성 향상, 대인관계, 종교 및 가치관 등을 골고루 잘 관리했는지 살펴보자.

자신의 취약점은 무엇인지 발견하고 그 보완대책을 새해 계획에 삽입하라. 당신의 진정한 문제가 무엇인가? 삶은 서로 연관이 되기 때문에 어느 한 가지가 크게 결핍되면 다른 영역에도 나쁜 영향을 미치게 된다.

이상과 같이 지난 1년간의 실적을 평가한다. 그러고 나서 지난 1년 동안 마무리 짓지 못한 일들, 실패한 인간관계, 미해결 상태로 남아 있는 문제들, 지키지 못한 약속들에 대해서 마침표를 찍어라. 깨끗이 마무리를 지은 후에 홀가분한 심정으로 새해를 맞이하기 바란다.

● 1년 목표를 세우자

"당신은 정월 초하루 속으로 행복하게 미끄러져 들어갔습니까?(Siend Sie glücklich ins Neujahr gerutscht?)"

독일 사람들은 새해를 맞이할 때 이렇게 덕담을 한다. 마치 복과 은혜의 물로 풍 들어가는 것처럼 말이다.

새해를 맞는다는 것은 감격스런 일이다. 새해를 생애 최고의 해로 만들겠다는 결심을 굳게 하자. 새해는 새로운 시간이고 기회이다. 새해를 지난해의 연속으로 생각해서는 안 된다. 전혀 다른 해가 되도록 변화를 시도하자.

앞에서 분석했던 지난해의 결과들을 참고로 하여 다음의 다섯 가지 카테고리로 일들을 나누는 것이 편리하다.

- 지난 한해에 했던 것과 똑같은 노력을 들여 새해에도 계속해야 할 일들은 무엇인가.
- 계속하기는 하되 좀 줄여야 할 것은 무엇인가.

- 작년보다 좀더 늘려서 해야 할 것은 무엇인가.
- 전혀 해보지 않던 것을 새로 계획하고 실행해야 할 것은 무엇인가.
- 완전히 중단해야 할 것은 무엇인가.

이상의 질문 외에도 자신이 하고 싶은 것을 맘대로 기록해 본다. 그리고 일정한 표준을 세워서 걸러낼 것은 걸러낸다. 이상의 질문에 대한 답을 기록한 후에 이를 근거로 도전적이고 매력적인 새해 목표를 세워보자.

새해의 목표는 다음과 같이 분류해서 세워보자.

- 일상의 목표는?
- 문제해결의 목표는?
- 자기계발의 목표는?
- 창의혁신의 목표는?

이상의 모든 목표의 숫자를 12개에서 20개 정도로 한정지을 필요가 있다. 너무 많은 목표는 실현 불가능하며 연초에 1년의 모든 목표를 세울 수 없기 때문이다. 시일이 지나면서 새로 세워야 할 목표들이 생겨나므로 어느 정도 여유를

연간 목표 일정표

목표번호	목표명	1월	2월	3월	4월	5월	6월	7월	8월	9월	10월	11월	12월
1	교양도서 50권 읽기												
2	1천만 원 적금 가입												
3	토익점수 800점 달성												
4	운전면허증 취득												
5	소년소녀 가장 1명 돕기												
	중간 점검												

두어야 한다.

우선순위대로 목표의 번호를 매겨라. 그리고 위의 표와 같이 만들어서 기록해 보라. 목표를 언제 착수해서 언제 마칠 것인지 구체화한 일정표를 만들면 매우 효과적이다.

● **행사, 절기, 휴가 등의 프로그램을 멋있게 짜보자**

인생은 행사의 연속이라고 할 수 있다. 따라서 우리에게 다가오는 절기와 행사를 알차게 보내면 인생 전체가 충실해진다.

개인적인 행사로는 생일, 입학, 졸업, 취직, 결혼, 은퇴, 회갑, 칠순, 장례 등이 있다. 국가적으로는 각종 기념일, 명절, 특별 휴일 등 많은 공휴일이 있고, 공휴일이 아닐지라도 특별한 날들이 있다. 이밖에도 새로운 행사들을 계획할 수 있다.

모든 절기와 행사에는 그 나름의 고유한 정신과 목적이 깃들어 있어서 그 정신과 목적에 맞게 지키면 새로운 경험을 할 수 있다.

단 가정, 직장의 많은 행사와 프로그램이 너무 비슷하면 때로는 형식만 존재하고 내용은 미미할 경우가 생긴다. 그러므로 형식에 치우치지 않고 내용도 알차고 신선할 수 있도록 깊이 생각하고 의논하여 잘 진행할 필요가 있다.

한 장으로 된 1년 달력을 마련해서 1년간의 주요 행사들을 적어보기 바란다.

연초에 1년간의 모든 행사일정을 달력에 기입해 놓으면 대소사를 잊지 않고 챙길 수 있고, 자신의 계획을 한눈에 파악할 수 있어서 편리하다. 자신과 가족이 함께 가는 휴가계획도 연초에 일정을 잡는 것이 편리하다. 이렇게 미리 시간을 정하는 것은 시간이 들어갈 자리를 미리 마련하는 것과 같아 대단히 편리하다.

프로그램에 생기를 불러일으키기 위해서는 좋은 아이디어와 착실한 준비와 사람들의 적극적 참여가 중요하다.

수년 전 3·1절에 단체로 강원도로 등산을 간 적이 있다. 미리 시간을 정해서 산에서 간략한 3·1절 행사를 가졌다. 애국가 봉창, 국가와 나라를 위한 기도, 독립선언문(현대어로 재편집된 것) 낭독, 만세 삼창 등으로 진행했다. 등산도 하고 행사도 하니 일거이득이었다. 한두 가지만 새롭게 해도 전체가 달라질 수 있다.

절기나 행사를 계획할 때 우선적으로 그 절기나 행사의 고유한 목적이 무엇인지를 파악하고 다음으로는 그것에 맞는 프로그램을 마련해야 하는 것이다.

● 주기적으로 평가하는 날을 정하자

주기적으로 평가하는 날을 정해서 처음에 목표했던 일들이 제대로 진행되고 있는지 점검하는 것이 필요하다. 이것은 가장 중요한 시스템인데도 불구하고 가장 잘 실현이 되지 않는 부분이다. 지속적, 보편적으로 되기 위해서는 적절한 시스템을 만들어야 한다.

3개월에 한 번쯤 중간평가일을 정해서 성취도와 진행사항을 점검해 보라. 그러면 어떤 일은 계획했던 것보다 빨리 진행되었고, 어떤 일은 계획했던 것보다 더디게 진척되고 있을 것이며, 더러는 아예 착수조차도 하지 않은 것을 발견하게 될 것이다.

일의 진행상황을 주기적으로 확신하고 재조정해야 1년간 목표한 바를 무리하지 않고도 효과적으로 이루어 나갈 수 있다. 중간평가일은 3월 말, 6월 말, 9월 말로 정하는 것이 편리하며, 최종평가는 연말에 하는 것이 좋다.

4. 일상에서의 효과적 목표관리

일상은 우리의 삶을 형성하고 있는 시간과 공간이다. 일상생활은 평범하게 보이고 때로는 권태롭게, 때로는 괴롭게 보인다. 그러나 일상생활에 새로운 의미를 부여하고 목표를 세워 진행한다면 삶이 더욱 활기차게 된다.

시시때때로 "왜 이 일을 해야 하는가?", "어떻게 이 일을 더 잘할 수 있는가?"라는 질문을 마음에 품고 살면 삶을 개선할 수 있다.

● 월간계획 작성 요령

1년 계획의 작성은 1년의 큰 방향을 정하는 것이다. 그리고 세부적 계획은 월간, 주간, 일일별로 계획을 세워 추진해야 한다.

월간계획의 작성 요령은 다음과 같다.

- 늦어도 이번 달 25일에는 내달 계획을 작성 완료한다.
- 연간목표 중 이번 달에 실시해야 할 사항과 이번 달의 행사를 검토하고 그것을 계획한다.
- 중요한 행사를 계획할 때 실시하기 가장 좋은 주간을 선택한다.
- 월말에는 바쁜 일들이 많이 생기므로 가급적 중요한 일을 시행하지 않는 것이 좋다.
- 월간계획표에 스케줄을 모두 표시한다.

● 주간계획 작성 요령

주간계획은 가장 현실적인 계획이다. 주간계획만 잘 세우고 진행하면 많은 일을 달성할 수 있다. 그리고 시간을 가장 잘 안배해서 적당한 속도로 일을 해나갈 수 있다.

주간계획의 작성 요령은 다음과 같다.

- 우선 주간계획표 양식을 구비한다.
- 주간목표를 세운다. 정기행사나 공동목표와 자신의 중요한 업무목표를 나열한다. 그 외에 해야 할 일들을 쭉

나열한다.
- 이상의 목표들을 어떤 기준을 정하여 솎아내고 우선순위에 따라 다시 정돈한다. 먼저는 자신이 반드시 의무적으로 해야 할 것들 즉 정기적인 회의, 학습, 출장과 같은 것들이다. 다음에는 자신의 기본업무, 그리고 꼭 그 주간에 처리해야 할 일들을 적는다.
- 각 활동마다 얼마나 시간이 필요한지를 예측해 본다. 시간양이 초과되면 활동을 줄인다.
- 해야 할 중요 활동들을 주간계획표에 기입한다. 어느 요일에 일이 몰려 있을 경우에는 일의 지장을 초래하지 않을 범위 내에서 몇 가지 활동은 다른 요일로 옮겨서 무리가 없게 한다.

● 일과표 작성 요령

주간계획을 잘 세웠다 할지라도 예상치 않은 일들이 발생하기 마련이다. 그래서 주간계획표를 기준으로 하여 일과표를 작성하는 것이 효과적이다.

일과표 작성 요령은 다음과 같다.

- 매일 10분 정도의 시간을 내서 내일의 계획을 세운다. 이것이 가장 중요한 부분이다. 매일 10분의 계획이 8시간을 벌게 해 준다. 그날 업무가 끝나기 전에 내일의 계획을 세우는 것이 효율적이다.
- 먼저 일주일 계획표를 살펴본다. 일주간의 목표 달성을 위해서 오늘 해야 할 부분이 무엇인지를 분명히 한다.
- 예상하지 않던 일이 발생하여 주간계획을 보완해야 할 일들을 확인하고 그것을 일과표에 포함시킨다.
- 하루 스케줄을 작성한다. 자신의 에너지와 능력을 고려해서 당일에 달성할 수 있는 것만 일과표에 포함시킨다. 오늘도 예기치 않은 일이 발생할 가능성이 있으므로 너무 빡빡하게 일정표를 짜지 않도록 한다. 계획되지 않은 시간을 다소 남겨 두어야 한다. 그리고 당일 아침에 다시 확인하여 일과를 확정한다.
- 당일 달성해야 할 가장 중요한 일은 오전 중에 완성하도록 노력한다.
- 하루 스케줄을 자신의 가까운 곳에 두어 시시때때로 확인한다.
- 완성된 일의 목록은 선을 그어서 지어나간다. 그러면 앞으로 남아 있는 일이 무엇인지 분명히 알게 된다.

- 오늘 반드시 처리해야 할 일들은 미루지 않는다.
- 일과가 끝난 후 미완성된 것을 확인하고 그것을 내일 일과표에 포함시킬 것인지, 아니면 시간을 내서 할 것인지를 정한다.

● 행동 요령 – 한 번에 한 가지씩만 한다

목표를 세우고 계획과 스케줄을 짜는 것은 심사숙고해서 해야 하지만 행동은 한 번에 하나씩 하는 것이 효과적이고 효율적이다. 물론 사람의 성격과 습관에 따라 행동하는 방식은 다양하지만 목표관리의 관점으로는 한 번에 한 가지씩 집중해서 처리하는 것이 더 낫다.

'하나씩 하나씩'이라는 아델라이드 프록터의 좋은 시가 있다.

> 한알 한알 모래알은 떨어지고
> 일순 일순 순간들은 지나간다.
> 어떤 것은 오고 어떤 것은 간다.
> 모든 것을 한꺼번에 잡으려 하지 말라.

하나씩 하나씩 그대의 의무가 그대를 기다리고 있다.
그 하나하나에 전력을 쏟아라.
미래의 허황된 꿈에 자신을 맡기지 말라.
그때 그때 우선 교훈을 받아라.

하나씩 하나씩 하늘로부터 선물이 내려온다.
이 아래 그대에게로 기쁨이 내려온다.
내려올 때 얼른 잡아라.
또 사라질 때 미련을 두지 말라.

하나씩 하나씩 그대의 슬픔도 그대를 만날 것이다.
무장한 군대 같은 슬픔을 두려워 말라.
더러는 지나가고 더러는 찾아오는 법.
그림자도 땅을 지나가는 법.

후회하며 미련을 품지 말라.
지나가는 세월로 실망하지 말라.
나날의 수고를 잊지 말고
또한 저 너머를 간절히 바라보라.

시간은 황금 띠, 하나님의 동전꾸러미

하늘까지 이르는 꾸러미를 하나씩 취하라.

그 다발 전체가 깨어지지 않도록

순례길이 끝나기 전에.

"한 번에 한 가지씩만 한다!"는 것이 일하기의 표어가 되어야 한다. 여러 가지 일을 동시에 하려고 하고, 여러 가지 문제를 급히 해결하려고 하니, 일이 진척이 되지 않고 더 꼬이기만 하는 것이다.

한 번에 하나씩 해가면 어떤 일이라도 달성할 수 있고 어떤 문제라도 해결할 수 있다.

● 목표지향적인 체질로 바꿔라

어떤 새로운 스타일로 살기 위해서는 새로운 습관이 형성되어야 한다. 그렇지 않으면 본래 상태로 돌아가고 만다.

사람을 목표지향적인 사람과 행동지향적인 사람으로 분류할 수 있다. 겉으로 보아서는 양자를 잘 구분하기 어렵지만 동기나 결과를 살펴보면 잘 구분할 수 있다.

목표지향적인 사람은 아무리 바빠도 목표를 정해 놓고 방법을 계획한다. 그러나 행동지향적인 사람은 무턱대고 행동부터 한다.

전자는 최종결과에 관심을 갖지만, 후자는 일하는 것에만 관심을 갖는다.

전자는 일을 진행할 때도 수시로 피드백을 구하고 성과를 확인하지만, 후자는 피드백이나 평가를 피한다.

전자는 어떤 훌륭한 일을 성취해서 업적을 남기는 것을 원하고, 후자는 주어진 일을 하는 것으로 만족한다.

전자는 창의력을 발휘해서 늘 개선을 하려고 하고, 후자는 그런 것에 관심이 없다.

전자는 늘 하는 일의 방법도 부단히 개선하려고 노력하지만, 후자는 과거에 하던 식으로 하려고 한다.

전자는 모험이나 위험을 수반하는 일을 하려고 하지만, 후자는 그런 것을 피한다.

전자는 스스로 생각하고 결정하려고 하나, 후자는 남의 지시를 받는 것을 편하게 생각한다.

전자는 문제를 기회로 보아 해결에 힘쓰나, 후자는 문제가 닥치지 않기를 바라고 안정적인 일만 좋아한다.

전자는 자신이 달성할 만한 목표를 세우나, 후자는 목표를 세우지 않고 무턱대고 한다.

전자는 늘 배우고 익히려고 하나, 후자는 그런 노력을 하려고 하지 않는다.

그 외에도 목표지향적인 사람은 늘 원칙을 지키려고 한다. 기분에 따라서 들쑥날쑥하지 않고 원칙을 따라서 일관성 있게 나간다. 그리고 뚜렷한 장기목표를 지니고 있다. 날마다 장기목표의 리스트를 소리 내어 읽거나 다시 본다. 목표지향적인 사람은 늘 목표의식, 문제의식을 가지고 생활한다.

그러면 행동지향적인 사람을 어떻게 목표지향적인 사람으로 변화시킬 수 있는가.

어느 쪽을 지향하는가는 인생의 초기에 형성된다고 한다. 부모의 가정교육이 이에 대해서 강한 영향을 주며 학교나 직장에서의 교육과 훈련 또한 이에 영향을 준다. 이 책의 중요한 목적 중 하나는 행동지향적인 사람을 목표지향적인 사람으로 바꾸는 것이다.

5. 변화를 다스려라

　미래의 모습은 변화한다. 이 세상은 변한다. 이 세상에서 변하지 않는 사실은 "만물은 변한다"는 말뿐이다. 어떤 때는 천천히 변하고 어떤 때는 급격하게 변한다. 개인이나 사물이나 사회는 반드시 움직이고 변화하고 발전한다는 관점에서 바라보아야 한다.

　이 세상은 흥망성쇠(興亡盛衰)의 패턴으로 나아간다. 그런데 변화를 잘 다스리면 승승장구할 것이요, 그것을 잘 다스리지 못하면 퇴보하거나 멸망한다.

● 변화를 긍정적으로 생각하라

　차를 오래 쓰면 낡아진다. 사람도 세월이 갈수록 늙는다. 변화는 우리에게 충격을 가져다 주기도 하고 신기함과 다양성 있는 환경을 마련하기도 한다. 변화는 새로움과 독특한 속성이 있다. 변화가 싫고 두려울 때도 많다. 그러나 변화는 필연적으로 오기 마련이다. 변화를 환영하라.

변화는 기회이다. 물론 모든 변화가 다 바람직하지는 않다. 오히려 변화가 없는 편이 더 나을 경우도 얼마든지 있다. 개선(改善)을 원했지만 오히려 개악(改惡)이 될 경우도 많은 것이다. 그러나 앞뒤가 꽉 막혔을 때 어떤 돌파구가 되는 데는 반드시 변화가 작용되어야 한다. 기회는 변화가 있어야만 찾아오는 것이다.

변화는 성장의 계기도 된다. 대입시험에 떨어진 어떤 학생은 자기 자신을 다시 점검하고 열심히 공부를 하여 지난해에 들어가려고 했던 대학보다 더 좋은 대학에 들어갔다. 어떤 사람이 과장에서 부장으로 승진하여 더 나은 리더십과 기술을 배워야 했다. 여자가 결혼해서 아기를 낳았다. 그녀는 그 아이를 기르는 방법을 익혔다.

변화는 성장과 성숙의 기회를 주는 것이다. 변화의 본질을 잘 관찰하면 해야 할 새로운 과제가 분명해지고 그것을 감당하기 위해 목표를 정하고 노력하게 된다.

변화는 삶에 활력을 준다. 우리나라는 춘하추동이 뚜렷하여 계절의 묘미를 느낄 수 있다. 창조주는 변화를 통하여 삶을 다양하게 해준다. 우리 삶의 운영방식에도 때때로 변화를 주면 생동감 있게 살아갈 수 있다.

변화의 종류

변화에는 예상할 수 있는 변화와 예상할 수 없는 변화가 있다. 입학, 결혼, 취직, 출산, 은퇴, 사망 등은 필연적으로 오는 변화여서 예측할 수 있지만 교통사고, 경기후퇴, 천재지변, 정권의 변동 등은 예측할 수 없다.

변화의 정도에 따라 변경(change), 혁신(transformation 혹은 innovation), 혁명(revolution) 등으로 구분할 수 있다.

'변경'은 기존 것의 어떤 점이 옳지 않아 고쳐야 될 필요가 있어서 바꾸는 것이다. 새 옷을 입거나, 새 집으로 이사가거나, 책상을 옮기거나, 새로운 곳에 여행을 하거나, 새로운 지식을 얻거나, 새로운 기술을 배우는 것 등이다.

'혁신'은 가치 있는 목표를 달성하기 위해서 새로운 방법을 발견함으로써 과거와는 다른 미래를 창조하는 것이다. 변경은 과거를 단순히 평가하고 부분적으로 고치는데 반하여, 혁신은 아주 다른 상태를 창조하는 것이다. 삶의 가치관이 변혁되어 전혀 다른 인간이 되는 것, 빈자가 부자가 되는 것,

새로운 기술을 찾아내는 것 등이다.

'혁명'은 구질서를 없애고 완전히 새로운 질서를 수립하는 것이다. 산업혁명, 기술혁명, 정치적 혁명 등을 예로 들 수 있다.

또 변화는 변화하는 속도에 따라 점진적 변화와 급진적 변화로 나눌 수 있다. 기술은 급진적으로 변해도 상관없다. 그러나 개인이나 사회는 급진적인 변화나 개혁이 무리를 가져오므로 점진적으로 변해야 바람직하다.

변화가 너무 빨라 개인이나 기업, 국가가 이에 대응할 수 없는 경우가 많다. 그러나 이런 변화를 예측하고 일찌감치 착실히 준비한다면 변화의 충격을 최소화할 수 있다.

● 변화에 대처하는 전략을 현실적으로 세워라

변화에 대해 예측을 하지 못하고 대비하는 전략도 세워놓지 않으면 변화가 올 때 대응할 수 없고 충격에서 벗어날 수 없다. 변화는 바람과도 같다. 어떤 때는 미풍과 같았다가 어떤 때는 강풍으로 돌변한다.

변화가 심할수록 마음의 평정을 잃기 쉽다. 그럴지라도

침착해야 한다. 마음은 항상 조용한 바다처럼 고요하고 평안하도록 노력해야 한다.

앞으로 어떤 변화가 몰아닥칠지 모른다. 변화를 예견하고 변화에 대한 전략과 방침을 수립해 놓는 것이 매우 현명하다. 목표관리도 변화에 대한 한 전략이다.

① 변화를 예상하고 있어야 한다

개인에게는 세월이 지나감에 따라 많은 변화가 따른다. 사회도 수시로 변한다. 당신의 상상력을 동원해서 지금부터 5년 내지 10년 후에 어떤 변화가 있을지 상상해 보라. 그때 나올 신문에 실릴 정치, 경제, 사회, 문화, 종교의 시나리오를 지금 작성해 보라. 자기 자신, 가족, 직장이 처할 상태를 기록해 보라. 특히 지금 상황과 달라질 상황이 무엇인가를 구체적으로 생각해 보라.

② 현실적인 사람이 되라

변화에 휩쓸리어 가지 말고 변화를 능동적으로 다스려 나가야 한다. 마치 돛단배처럼 환경에 얽매이지 말고, 기선처럼 놀라운 추진력을 가지고 환경을 다스려야 한다.

③ 변화를 이해하고 받아들여라

변화가 올 때 왜 그런 변화가 유익한지를 분명히 하라. 불가피한 변화는 순순하게 받아들여야 한다. 변화를 사랑하고 변화와 친해지도록 노력하자. 물론 카멜레온과 같이 주위 빛깔에 따라 수시로 변신하면 안 된다. 그러면 진실성을 잃게 된다. 변화에 대해 융통성 있게 대처해 나가는 것이 바람직하다.

④ 변화를 기회로 이용하라

항상 바람직한 변화를 추구해야 한다. 변화가 위험을 가져다주는 경우도 종종 있다. 그러나 변화는 새롭고 색다른 기회를 제공하고 있다. 항상 새로운 세계와 접촉한다는 마음을 가지고 미래지향적으로 살아가야 한다.

바다에서 파도타기를 할 줄 하는 사람은 그 파도를 잘 이용하여 스릴 있게 파도를 탄다. 그러나 그렇게 할 줄 모르는 사람에게 파도는 두려운 존재일 뿐이다.

피터 드러커는 "기업가란 변화를 탐구하고 변화에 대응하며 또한 변화를 기회로써 이용하는 자이다"라고 말했다. 기업가와 같이 개인도 눈을 크게 뜨고 변화 속에서 기회를 찾아야 한다.

⑤ 창조적 파괴를 하라

좋은 경험과 찬란한 전통은 계속 유지하는 것이 좋다. 그런데 개인이나 단체는 모두 안정을 지향하는 보수적인 성격이 있다. 그러나 구태의연한 것이나 시대에 역행하는 것들은 과감히 버려야 한다. 새로운 창조를 위해서 기존의 것을 일부러 파괴해야 한다.

적합한 변화목표를 세워라

변화를 이루기 위해서 단순하고 구체적인 목표와 계획을 세워야 한다. 꿈은 크게 간직하되 목표는 세밀하게 세워 추진할 필요가 있다.

만약 농촌 단위로 5개년 발전계획을 세운다고 가정할 때 처음 1년은 예비적으로 적은 돈을 투자하여 1개나 2개의 프로그램을 실시하는 것이 좋다.

이것을 '시범 사업(pilot project)' 혹은 '종자 사업(seed project)'이라고 한다. 이것이 성공하면 그 경험에 의지해서 차츰 사업을 확대해 나가는 것이 위험을 줄이는 비결이다.

작은 프로그램을 잘 달성하면 성취감과 자신감이 생긴다.

그것이 더 큰 프로그램을 추진하는 데 동력이 된다. 작은 성공은 큰 성공을 낳는 것이다. 이 원리는 개인 사업에도 적용된다. 처음에는 작게 시작하라. 경험도 없는 일을 처음부터 크게 시작하면 실패할 가능성이 대단히 높다.

대통령이나 장관이나 시장이 새로 부임했을 때 어떻게 정책과 목표를 세우는 것이 현실적일까. 대부분 의욕이 앞서 임기 안에 큰 프로젝트를 세워 달성하려는 충동을 받는다. 하지만 현실적인 목표를 세우도록 해야 한다.

유지해야 할 좋은 정책들은 바꾸지 말고, 꼭 변화시켜야 할 분야 몇 가지만 우선적으로 택해서 정책과 목표를 세우는 것이 좋다. 선택과 집중의 원리를 적용하면 된다. 큰 변화, 갑작스런 변화를 시도한다면 많은 부작용을 낳는다.

마키아벨리는 "사물의 새로운 질서를 시작하는 것보다 더 수행하기 어렵고, 성공할지 의심스럽고, 다루기 힘든 문제는 없다"고 했다. 링컨 대통령은 평소에 자신의 소원을 "내가 존재함으로 인해 세상이 조금이라도 나아졌다는 말을 듣고 싶다"라고 말했다. 지도자가 임기 중에 몇 가지 일만이라도 착실하게 성과를 거둔다면 사람들로부터 존경을 받을 수 있을 것이다.

6. 삶을 단순하게 하라

단순(單純)이라는 단어에서 단(單)자는 오직 하나이며 독특한 것을 의미하고, 순(純)자는 완전하여 섞인 것이 없다는 뜻을 가지고 있다. 색깔로 말하면 한 가지 색을 의미한다. 그러므로 단순이란 나눠짐이 없고, 순전하여 섞인 것이 없는 것을 말한다.

단순한 것은 큰 힘이 있다. 단순한 목적, 단순한 글, 단순한 말은 대단한 힘을 발휘한다. 스스로 단순해지려는 노력은 복잡다단한 현대에서 자신을 지키며 목표를 달성하게 하는 중요한 수단이다. 단순하게 사는 방법을 익히자.

● **단순한 목적과 목표**

역사상에 나타난 위인들은 대부분 단순한 목적과 목표를 가지고 살았다. 예수도, 간디도, 김구도 단순한 목적과 목표를 지니고 살았다.

예수는 '인류 구원'이란 목표를, 김구는 '대한독립'이란 목표를 지니고 살았다. 간디도 '인도 독립'이란 목표를 일생 지니고 살았다. 간디는 "오직 동기만을 생각하라. 동기만 옳다면 결과에 대해 생각할 필요는 없다"라고 말했다.

사실 우리가 바로 살지 못하는 가장 큰 이유는 복잡하게 계산하고 생각하기 때문이다. 목적이 옳고 그름에 대해 복잡하게 생각할 필요가 없다.

톨스토이는 "참으로 중요한 일을 하고 있는 사람은 누구나 항상 단순하다. 왜냐하면 쓸데없는 일을 생각할 틈이 없기 때문이다"라고 했다. 잘 표현된 목표는 단순하다. 그래서 힘이 있는 것이다.

● 단순한 말과 글

지난 연초에 20명이 모인 어느 지도자 모임에 가서 강의와 워크숍을 한 적이 있다.

나는 참석자들에게 네 가지 요점을 제시하고 그것을 3분 동안 발표하라고 하였다. 그런데 내가 요구한 대로 발표한 사람은 거의 없었고 대부분 중언부언, 중구난방으로 일관했다. 그때 나는 그들이 '말하는 법을 기초부터 훈련해야 되겠구나' 라는 생각을 하였다. 지도자들이 의사전달력이 약하니 문제가 아닐 수 없다.

링컨 대통령의 말과 글은 평이하지만 단도직입적이고 간결하고 요점이 분명했다. 그래서 위력을 발휘했던 것이다. 그는 단순성을 아는 대가였다. 말과 글이 단순한 것은 사고와 언어를 경제적으로 만드는 것이다. 위대한 말은 그 자체가 위대하기 때문에 꾸밀 필요가 없다.

대부분의 사람들은 불필요한 군더더기의 말과 글을 많이 사용한다. 그래서 오히려 뜻이 희석이 되고 흥미마저 잃어버리게 한다. 말과 글의 주제가 단순할 때 사람들은 경청하게 될 것이다. 말과 글에 있어서 늘 명료하고 단순하고 요점을 살려서 표현하는 연습을 해야 한다.

그 사람의 말하는 모습을 보고 그가 어떤 사람인가를 알 수 있다. 말 많은 사람치고 허풍쟁이가 아닌 사람이 없고 실수를 많이 하지 않는 사람이 없다.

결혼주례자 가운데 쓸데없이 말을 많이 해서 신랑, 신부와 하객들을 피곤하게 하는 사람이 있다. 이것은 분명히 악덕이다. 설교도 장황하게 하면 잡담처럼 느껴지는 때가 있다. 모두 단순함을 잃어버린 모습들이다.

● 삶의 공간을 단순하게 하라

살아가는 공간을 단순하게 하면 훨씬 기분 좋게 살아갈 수 있다.

모아둔 물건은 과감히 버려라. 대개 세월이 흐르면 모아둔 물건들은 공간만 차지하고 짐이 되는 수가 허다하다. 오래된 책과 옷가지를 정리하라. 남에게 주거나 버려라. 보석과 장신구도 꼭 필요한 것만 남겨라. 이런 것들을 처리하고 나면 생활이 간편해지고 빈 공간이 생긴다. 그리고 버릴 만한 것은 몽땅 버려라.

모든 물건을 정해진 자리에 두어라. 물건에도 합당한 자리가 있다. 정리정돈을 하는 것도 기술이다. 자신만의 정리정돈 체계를 만들라. 대부분 사람들은 잘 정리하고 살지 않는다. 일주일에 한 번 정도 시간을 정해 놓고 정돈하는 것이 좋다. 가끔 책상과 가구의 위치를 바꿔보라. 그러면 새로운 분위기를 창조한다.

● 일을 단순하게 하라

나무에게서 배워야 할 것들이 적지 않다. 봄과 여름에 푸릇푸릇한 나뭇잎들을 무성하게 달고 있던 나무는 가을이 되면 미련 없이 그 잎들을 떨쳐버린다. 그렇게 해야만 자기를 보존할 수 있고, 새로운 삶을 기대할 수 있기 때문이다.

묵은 것을 버리지 않고는 새것이 돋아나지 않는 법이다. 우리 삶에서 욕망을 줄이고 분수 있게 살기 위해서 단순하게 해야 할 것들은 무엇인지 다음과 같이 정리해 보았다.

- 한 번에 한 가지씩만 한다. 운전하면서 핸드폰을 받지 말라. 여러 가지를 동시에 하려고 하지 말라. 과거나 미래를 잊고 현재에만 집중해 보자.
- '아니오'라는 말을 좀더 자주하라. 그래야 자신의 우선순위를 지킬 수 있다. 시간과 정력은 한계가 있다. '아니오'를 말하는 것을 부정적으로만 생각하지 말라. 자신의 우선순위를 지키겠다는 결심이 있는 것이다. 쓸데없는 약속을 결코 하지 말라.
- 식사 시간이나 중요한 대화를 할 경우에 전화를 받지 말라.
- TV 시청을 하루에 1시간 이내로 줄여라.
- 광고에 나온 상품과 서비스에 대한 구매 욕구를 줄이고 쇼핑 횟수도 줄여라.
- 불필요한 외출이나 여행을 줄여라.
- 사회적인 모임이나 경조사에 가는 횟수도 줄여라.
- 오늘 꼭 해야 할 일은 오늘 해치워라.
- 불필요한 잠을 줄여라.
- 직접 하지 않아도 될 일은 다른 사람에게 맡겨라.
- 습관화된 일을 멈추고 새로운 리듬에 따라 하루를 살아보라. 예를 들면 식사한 후 반드시 커피를 마시는 사람,

퇴근 후 피곤을 풀겠다고 매일 맥주를 마시는 사람은 습관을 멈추면 불안해진다. 그러나 오래된 습관이라도 한번 바꾸어 보라.
- 생각이 떠오르면 즉시 종이에 적어라. 아무리 당신의 기억력이 좋다 할지라도 너무 믿지 말라. 메모의 효용은 대단히 크다.
- 심호흡을 자주 하며 고민들을 떨쳐버려라. 심호흡은 육체와 정신에 좋은 효과를 준다.
- 너무 많은 계획을 세우지 말라.
- 큰 과제는 작은 조각으로 나누어서 하나씩 실시하라.
- 모르는 것은 모른다고 솔직히 말하라.
- 어린아이와 같은 심정으로 겸손하고 솔직하고 호기심을 갖고 살라.
- 복잡한 문제를 간단하게 만들라.
- 자신을 수련하는 여행을 가자. 일주일에 적어도 한 번은 자연의 품에 안겨보라.
- 마음을 비우는 연습을 자주 하라. 쓸데없는 욕망의 노예가 되지 말라.

7. 자신에게 적합한 목표관리체계를 만들라

"구슬이 서 말이라도 꿰어야 보배"라는 말이 있다. 아무리 좋은 목표라도 행동으로 옮길 때에 진정한 가치가 있는 것이다. 그래서 중요한 것이 목표관리이다. 목표관리에 대해 알아두면 다른 사람보다 앞설 수 있는 좋은 조건이 된다. 그런데 목표관리의 진정한 힘을 발휘하려면 자기에게 가장 적합한 목표관리체계를 만들어야 한다.

● 보편적 목표관리

이 책은 주로 '개인적 목표관리'에 대해서 다루고 있지만, 기업체의 목표관리(MBO)의 질을 향상시키는 데도 도움이 될 것이다.

누구나 적용할 수 있는 보편적 목표관리체계는 다음과 같은 것이다.

- 시의적절하게 목표관리 계획서를 작성하라. 가급적 일찌감치 작성하는 것이 좋다.
- 목표의 수를 구상한다. 어느 정도의 목표가 있어야 기대하는 결과를 충분히 이룰 수 있는가를 생각한다. 충분히 달성할 수 있는 정도의 목표의 수를 정하는 것이 좋다. 목표의 수가 너무 많아도 너무 적어도 곤란하다. 자신이 주어진 기간에 충분히 달성할 수 있는 정도를 선택해야 한다.
- 목표 설정의 이유를 기록한다. 왜 그 목표를 설정했는지 이유를 기입한다. 목표관리는 무엇을 목표로 설정했는가에 따라 모든 것이 결정되므로 목표 설정이 가장 중요하다. 목표 설정을 잘못할 경우 그 후의 노력은 무용지물이 될 수 있다. 그리고 목표 설정 이유가 지극히 당연해 보여도 잘 생각해서 반드시 문장으로 기록하도록 한다.
- 구체적 목표를 기록한다. 목표관리는 목표를 달성하는 것이 첫째 목적이다. 목표는 자신의 능력에 맞는 목표치가 가장 이상적이지만 도전의식과 능력 향상을 위해 자신의 능력을 조금 초과하는 목표치를 정한다. 자신의 능력이 100이라면 목표치는 120으로 잡는 것이 현실적

이다. 너무 목표치가 높으면 좌절하기 쉽고 너무 목표치가 낮으면 노력하지 않게 된다. 구체적 목표는 '누가, 무엇을, 언제까지 달성한다' 라는 내용이 반드시 포함되어야 한다.
- 주된 절차와 방법을 결정한다. 절차와 방법은 가급적 자세히 구체적으로 작성한다. 많이 생각할수록 질이 더 좋아진다. 생각할 수 있는 것은 모두 기록해서 사전에 철저히 준비한다. 행동계획이 확실하게 짜여 있으면 문제가 발생해도 곧 상황을 잘 알 수 있게 되고 적절한 대응책을 준비할 수 있게 된다.
- 일정표를 기입한다. 일정표에는 주된 절차와 방법의 대략적인 스케줄을 월 단위로 기입한다. 기입방법은 화살 모양으로 가로 긋기를 한다.
- 체크리스트를 작성한다. 체크리스트를 통해 실행해 가는 과정을 탐색한다.
- 정기적인 중간평가 일을 정하고 평가를 해 나간다. 이를 통해서 수정과 보완을 한다.
- 다 성취했다고 여겨지면 최종평가를 하고 기록으로 남긴다.

● 결혼생활 목표관리

결혼생활을 잘 영위하는 것은 고도의 예술이다. 연애는 낭만이지만 결혼은 현실인 것이다. 그래서 결혼생활은 갈등도 많고 해결해야 할 문제도 많다. 부부가 각자 따로 노력해야 할 사항도 많지만 함께 노력해야 할 사항도 많다.

결혼 전, 혹은 결혼 직후 부부가 충분한 대화시간을 갖고 그 가정의 비전과 목표를 정하고 그것을 차근차근 이루어간다면 결혼생활에서 기쁨과 보람을 얻게 될 것이고 갈등을 줄이고 이혼도 예방하게 될 것이다.

· 결혼의 목적을 몇 가지 기록한다. 자신이 생각하고 있는 결혼의 목적을 적어도 세 가지 이상 적어 보라. 결혼생활의 목적 중 하나는 "함께 생활함으로써 서로의 삶을 더욱 풍요롭게 한다"는 것이다.
· 결혼생활의 비전을 설정한다. 일생동안 추구해야 할 결혼생활의 큰 방향을 설정한다.
· 10년 단위로 구체적인 목표와 계획을 정한다.
· 매년 1년 목표와 행동계획을 작성한다. 부부가 함께 이

루어야 할 공동목표, 남편의 고유한 목표, 아내의 고유한 목표, 자녀의 목표, 가족·일가·친척을 위한 목표를 균형 있게 설정한다. 한눈에 알아볼 수 있도록 한 장으로 된 캘린더를 준비하여 가족의 생일, 기념일 등을 미리 기입한다. 여름휴가 계획도 부부가 함께 미리 짠다.

- 3개월(분기) 목표와 행동계획을 작성한다.
- 1개월 목표와 스케줄을 작성한다.
- 주간 목표와 스케줄을 작성한다.
- 일과표를 작성한다.
- 예기치 않은 일이 발생했을 때 부부가 서로 머리를 맞대고 문제해결의 목표를 세우고 해결해 나간다.

결혼생활이 아무리 힘들어도 부부가 공동목표를 향해 힘을 합칠 때 한눈을 팔지 않게 되고 목표를 향하여 정진하게 된다. "몇 년 내에 새로운 집을 마련한다", "몇 년 내에 최소한 얼마를 저축한다"와 같은 공동목표를 세워보라.

남편과 아내의 개인목표는 상대방에게 서로 알려주고 스케줄도 알려라. 상대방의 꿈과 목표를 지지해 주라. 외조와 내조를 잘 하도록 하라. 서로의 목표를 이해하고 도와준다는 것은 상대방에게 관심과 사랑을 갖는다는 뚜렷한 증거이다.

부부가 각각 관심사와 취미가 다르다 할지라도 충분히 이해하고 참여하도록 하라. 남편이 낚시에 취미가 있다면 아내는 가끔 동반해 주는 것이 좋고, 아내가 음악연주자라면 남편이 음악에 취미가 없더라도 아내가 가는 연주회에 때때로 함께 참석하는 것이 좋다.

또한 염두에 두어야 할 중요한 사항은 상대방에 대한 기대치를 될 수 있는 한 낮추는 것이다. 상대방이 70점이어도 100점으로 간주하라. 그런 태도를 가져야 행복해진다. 이상적인 남편, 이상적인 아내는 가상현실 속에만 존재하는 것임을 알아야 한다.

● 군대생활 목표관리

군대는 특수집단이다. 그곳에서는 개인의 자유가 제한된다. 그럼에도 불구하고 군대시절을 자신의 황금시절로 만들 수 있다.

"군대 가서 썩는다"라는 말이 있는데 말 그대로 그렇게 되는 사람도 있다. 똑똑한 상태로 군대에 들어갔다가 멍청한 상태로 제대하는 사람들이 바로 그런 부류의 사람들이다. 뚜렷한 목표가 없이 적당 적당히 시간을 보내면서 제대할 날만 기다렸기 때문이다.

그러나 뚜렷한 목표를 설정하고 목표관리를 잘하면 성공적으로 자아실현을 할 수 있다. 그런 사람은 똑똑한 상태로 제대하게 된다.

군대시절을 잘 활용하여 사법고시에 합격한 사람도 있고, 새로운 기술을 배워 자격증을 몇 개 따는 사람도 있으며, 인간관계를 잘 맺어서 사회에 나갈 든든한 발판을 삼는 사람도 있다.

처한 환경보다 중요한 것은 강한 의지이다. 요즘 우리 군대는 자아실현에 많은 관심을 갖고 실제로 그런 기회들을 부여해 주고 있다. 그 한 가지 예가 얼마든지 독서할 수 있는 여건의 조성이다.

'목표지향적 자기계발' 이라는 슬로건 아래 사단 예하 전 부대원들에게 매일 2시간의 자기계발 시간을 제공하는 부대가 있다.

최고지휘관은 다음과 같은 신념을 가지고 이런 제도를 만들었다.

첫째, 꿈과 목표를 가진 병사는 군대생활도 잘한다. 자기계발의 기회를 주어 선진 병영을 육성한다.

둘째, 일과 이후 취침까지의 시간을 잘 활용하지 못하면 악습과 폐습만 조장하는 결과를 낳는다. 그래서 자율적으로 자기계발을 하도록 하여 시간을 생산적으로 활용토록 한다.

셋째, 군대시절을 소모적으로 보내면 인생의 공백이 생기게 되어 앞으로의 발전에 큰 장애가 된다.

그 부대는 자기계발 목표관리 과정을 다음과 같이 4단계로 정했다.

- 제1단계 : 인생목표 설정(예 : ○○○시청 행정직 5급 공무원)
- 제2단계 : 군생활 중 자기계발 목표 설정(예 : 컴퓨터 활용능력 1급 취득, 한자 2급 취득)
- 제3단계 : 계급별 중간목표 설정(예 : 이병 시절은 5급, 일병시절은 4급, 상병시절은 3급, 병장시절은 2급)
- 제4단계 : 주간단위 자기계발 계획서 작성(예 : 컴퓨터 활용능력 1급 필기시험에 필요한 내용을 익힌다. 매일 한자를 5개씩 암기한다)

이상과 같은 목표관리가 가능하도록 그 부대는 다음과 같은 여건을 조성하였다.

- 자기계발 시간을 부여한다(매일 저녁 7~9시 사이). 그리고

개인의 희망에 따라 연등 시간을 보장한다(10~12시).
- IT 분야, 어학, 자격시험 동아리 등 자기계발 유형별 동아리 그룹을 형성한다. 병 상호간 정보 공유 및 지도 가능하다.
- 자격증 및 각종 시험 응시기회를 부여하고 우수자를 포상한다. 국가공인자격증 응시기회 부여, 취득 시 포상휴가 조치, 월간 자기계발 우수자 추천 포상(대대장 표창, 도서상품권 수여) 등을 한다.
- 다양한 정보를 획득하기 위한 홍보를 한다. 자격증 시험 일정 및 시험 성향을 알려준다. 인터넷 자료 검색, 신간 교재 및 책자 구매를 지원한다.
- 간부에 의한 지도와 자율적으로 공부하는 분위기를 병행한다. 지휘관, 당직사령, 간부들이 학습상태를 수시로 확인하고 점검한다.

이러한 목표관리체계를 수행할 수 있게 하는 가장 중요한 여건은 첫째, 최고지휘관의 열린 자세이며 둘째, 중간지휘관의 협조이며 셋째, 지휘관의 의도를 잘 이해하고 따를 수 있는 부하들의 마음자세이다.

은퇴 후의 삶의 목표

은퇴시기가 앞당겨지고 은퇴 후의 삶은 매우 길어졌다. 은퇴 평균연령이 54세인데 만약 80세까지 산다면 은퇴 후의 삶이 무려 26년간이나 된다. 이 긴 세월을 무의미하게 보낸다면 복이 아니라 큰 고통이 된다. 일 없이 오래 사는 것은 저주의 삶이다.

은퇴 후의 삶은 개인에 따라서 차이가 지극히 크다. 젊어서보다 은퇴 후에 더 부요한 삶을 누리는 사람이 있는가 하면 죽지 못해 살아가는 사람도 있다.

노년기는 갑자기 찾아오는 것 같지만 그렇게 느낄 뿐이고 사실은 그렇지 않다. 사람은 유년기, 청소년기, 청년기, 장년기를 거쳐서 노년기를 맞는다. 그러므로 충실한 노년기를 보내려면 인생의 모든 단계마다 성실해야 한다.

젊은 시절부터 좋은 자기관리 습관을 길러야 하며 노년기를 지낼 수 있는 자금, 일거리 등을 미리 준비해야 한다. 또한 젊어서부터 성숙한 인격을 도야해야 한다.

스위스의 정신의학자 폴 트루니에는 "노인들은 대부분 젊었을 때의 성격을 그대로 가지고 있을 뿐 아니라 더욱 심화

되기도 한다. 자기중심적이었던 사람은 나이 들수록 더욱 이기적이 되고, 성품이 온화한 사람은 늙어가면서 더 품위 있고 친절하며 자기의 궁핍이나 고독마저도 명랑하게 이겨내려고 온 힘을 다한다."고 말했다. 이 말은 젊어서 인격훈련을 해야 함을 뒷받침해주고 있다.

우리나라 사람들은 자녀교육에는 온 힘을 쏟지만 은퇴 후의 삶의 준비에 대해서는 매우 소홀하다. 선진국의 경우 자녀 스스로 자신의 교육에 책임지게 하고, 은퇴 후의 삶의 준비를 철저히 한다. 선진국의 은퇴자는 노후생활비의 70% 이상을 연금과 저축재산 소득으로 해결한다. 모자라는 부분은 근로소득으로 충당하도록 재취업 환경이 조성된다.

이에 비해서 우리나라는 은퇴 후 노후생활비를 연금과 저축재산 소득으로 해결할 수 있는 비율은 20%에 지나지 않는다. 나머지는 자녀와 친척의 도움을 받거나 재취업 소득으로 충당해야 한다. 그러나 이런 도움을 기대하는 것은 불가능에 가깝다.

그러므로 젊은 시절부터 앞으로 긴 인생을 살아가는 데 필요한 자금마련은 어떻게 하고, 또 무슨 일을 하면서 살아갈 것인가에 대한 뚜렷한 대책이 있어야 한다. 가장 확실한 노후대책은 자신의 전문성을 길러서 은퇴 후에도 계속 일을

할 수 있고 넉넉한 수입원을 갖는 것이다.

젊은 시절(30대 초반)부터 노후를 위한 목표와 방법을 정확하게 설정하고 꾸준히 시간과 돈을 투자하면 노후가 되어도 걱정할 것이 별로 없다.

젊은 날에 미리 다음과 같은 노후 목표를 정하여 대비하면 좋을 것이다.

· 은퇴 후에도 계속적으로 일할 수 있는 전문성을 한 가지 이상 기른다. 자신의 경험과 달란트를 살려 계속할

수 있는 일을 만들어라. 또는 자기만의 작은 사업체를 만든다.
- 은퇴하기 전 최소한 자기주택과 10억 원의 현금을 확보한다.
- 현역시절에 하고 싶었지만 시간이나 여건이 허락되지 않아서 하지 못한 것을 은퇴 후에 교육원이나 학원에 다녀 배운다.
- 치명적인 병이 발생하지 않도록 건강관리에 최선을 다한다.
- 배우자는 인생의 보물 제1호이므로 배우자와의 좋은 관계를 유지하도록 매월 두 가지 이상의 이벤트를 만든다. 여유로운 여행, 운동, 여가 활동, 취미생활 등을 함께한다.
- 자원봉사 및 사회활동에 열심히 참여하여 수혜자들에게 진정한 도움을 준다.
- 전문가 수준의 취미나 특기를 한 가지 이상 개발한다. 예를 들면 악기 연주, 저작 활동, 수집 행위 등이다.
- 종교 활동에 힘써서 젊은 신자들의 멘토의 역할을 한다. 혹은 자기 영향력을 행사할 수 있는 후배집단을 만든다.

- 진정한 배려와 우정을 나눌 수 있는 친구나 지인을 적어도 20명 이상 가지며 그들과 굳건한 유대를 형성한다.
- 남에게 대접을 받고자 하는 대로 남을 대접하라는 황금률의 정신대로 남에게 정신적으로나 물질적으로 베푸는 삶을 산다.

이상의 열거한 방침을 참고로 하여 자신에게 맞는 노후의 삶의 목표를 세우기 바란다. 그러면 여유가 있게 미리 대비할 수 있으며 그것을 준비하는 과정에서 보람과 기쁨도 느낄 수 있을 것이다.

8. 멘토를 찾아라

우리는 곁에서 함께 인생 여행을 하며 가르침을 받을 수 있는 멘토(mentor)가 필요하다. 멘토의 역할은 안내하는 일이다. 멘토는 우리가 처한 상황을 직접 경험하지는 않지만 우리가 무엇을 해야 할지 분명히 가르쳐준다. 사회가 복잡해지고 미래가 불투명한 현시대에서는 우리에게 인생을 올바른 방향으로 이끌어주는 현명한 멘토가 필요하다.

● 누구에게나 멘토가 필요하다

멘토란 현명하고 충실한 조언자 또는 스승이라고 정의한다. 멘토는 많은 고대의 이야기에 등장하고 있다. 예를 들면 호머의 오디세이를 보면, 멘토는 오디세우스에게 그의 아들 텔레마쿠스의 성장과정을 보살펴 달라는 요청을 받는다.

여행길에 오른 사람들은 이미 그 길을 다녀온 사람들의

현명한 안내를 구하곤 한다. 탐험가 루이스와 클라크는 미국 서부를 탐험할 때 아메리카 인디언들의 안내를 받아서 사명을 잘 달성할 수 있었다. 에베레스트를 등반하려는 사람들은 그곳 토착민인 셰르파족을 안내자로 고용하여 보다 안전한 길을 찾는다.

우리 역시 인생의 먼 여행을 떠날 때 기꺼이 지혜를 나누어주며 종종 "잘되고 있습니까?"라고 관심을 가져줄 사람이 필요하다. 이 세상에 멘토가 필요하지 않을 만큼 완전무결한 사람은 없다. 대통령도, 최고의 석학도, 최상의 예술인도, 훌륭한 인격의 성직자도 모두 그들의 멘토가 필요하다.

구약성서에 나오는 인물 중에 가장 위대한 사람은 이스라엘의 지도자 모세이다. 그는 이집트에서 그의 백성들을 인도해낸 지식과 능력이 탁월한 지도자였다.

그런데 그에게 특이한 고집이 있었으니 그것은 광야에서 백성들을 다스릴 때 백성 사이에서 일어나는 모든 문제들을 혼자 해결하려고 하는 것이다.

모세는 크고 작은 일 때문에 몹시 바빴다. 아침부터 저녁까지 도무지 쉴 틈이 없었다. 그는 혼자서 200만 명이나 되는 백성들의 지방법원, 고등법원, 대법원의 일을 하고 아무에게도 위임하지 않았다.

어느 날 그의 장인인 이드로가 방문하여 사위가 많은 일에 시달려서 정작 중요한 일은 하지 못하는 것을 보게 되었다. 그래서 그 장인은 멘토로서 모세에게 이렇게 말했다.

"자네가 하는 일이 그리 좋지는 않네. 그렇게 하다가는 자네뿐만 아니라 자네와 함께 있는 백성도 지치고 말 걸세. 자네에게는 너무 힘겨운 일이야. 자네 혼자서는 할 수 없네. 이제 내가 충고하는 말을 듣게."

그의 장인은 백성 가운데서 능력과 덕을 갖춘 사람 중에서 천부장, 백부장, 오십부장, 십부장을 세워서 그들에게 재판하는 것을 위임하라고 했다. 그는 장인의 충고대로 따랐다.

현명한 멘토인 그의 장인 이드로의 말을 듣고 실행한 결과 모세는 과로에서 벗어날 수 있었고 오합지졸이었던 백성들이 조직화되었으며 얼마 후 가나안 땅으로 진군할 수 있었던 것이다.

● 어떤 사람을 멘토로 삼을까

인생의 멘토 역할을 해줄 사람들은 주위에 많다. 우리보다 인생 경험이 많은 부모, 형, 누나, 선배, 일가친척 등이다.

그런데 멘토는 가급적 이런 직접적인 관계를 가진 사람보다는 외부에서 찾는 것이 낫다. 친한 사람들은 사실 그대로 조언을 해주기 어렵기 때문이다. 가까운 사람들은 서로 개인적인 이해관계에 얽혀 있으므로 사실을 말해주기를 꺼려한다.

그러면 어디에서 멘토를 구할 것인가? 현명한 조언은 물론 사심 없이 정성을 다해 우리를 안내해 줄 현명한 사람들을 어디서 찾을 것이며, 또 어떤 기준으로 정할 것인가?

어떤 사람은 매년 결혼기념일에 자기 결혼주례자를 초청해서 식사를 대접하고 그동안의 결혼생활을 보고하고 새 가르침을 받는다고 한다. 결혼주례자는 멘토로서 적합하다.

또 어떤 사람은 자신의 중·고등학교 시절 담임선생을 매년 찾아가서 인생에 대한 지도를 받는다고 한다. 이것도 좋은 방법이다. 자신이 믿는 종교의 성직자들을 찾아가서 인생에 대한 상담을 받는 것도 좋은 방법이다. 성직자들은 이해관계를 초월할 수 있으므로 좋은 멘토가 될 수 있다.

대부분 멘토는 직접 우리에게 오지 않는다. 또한 우연히 만나는 경우도 매우 드물다. 우리가 뚜렷한 목적을 가지고 멘토를 구해야 찾을 수 있다. 스스로 멘토의 필요성을 인정하고 힘써 찾아야 한다.

멘토는 대부분 자기보다 연령이 높은 것이 좋으나 때로는 자기보다 나이가 적은 사람도 될 수 있다. 요즘은 개인이나 기업가들을 지도하는 일을 전문적으로 하는 컨설턴트도 많다. 이들을 통하여 많은 유익을 얻을 수 있다.

멘토를 만나면 허심탄회하게 이야기하도록 하라. 무슨 상담을 해야 할지 요점을 기록해 가는 것이 편리하다. 추진하는 일이나 삶에서 경험하는 일들, 그리고 문제와 고민거리, 또는 새로운 계획 등을 솔직하게 이야기해 주고 가만히 듣기만 하라. 솔직히 대화를 나눌 수 있는 분위기 좋은 장소를 택하는 것도 중요하다. 자신의 비밀을 지켜줄 사람들을 택하라.

● 대학생들을 위한 멘토 학습 프로그램의 실례

내가 가르치는 대학생들에게 매 학기마다 '멘토 학습 프로그램'을 제시하고 그 보고서를 받아 평가해 주고 성적에 반영하는데, 학습효과가 매우 크다. 물론 멘토를 만나는 것 자체가 쉽지 않다. 나는 그들에게 멘토를 어떻게 정하며 어떻게 만나며 어떤 예절을 갖추며 무슨 질문을 해야 할지를 명확히 제시해 준다.

멘토를 정할 때는 자기가 전공하고 있는 분야에서 성공을 거둔 사람이나 인생 전반에 대해 폭넓게 조언해 줄 사람 중에 택하라고 한다. 그리고 만나기 어려운 멘토를 만나는 사람에게 점수 비중을 높이 둔다고 말한다. 이에 도전하는 학생들도 꽤 많다. 그 과제의 보고서를 보면 "생각한 것보다 훨씬 도움과 유익을 얻었다"라고 쓴 학생이 대부분이다.

여기에 한 가지 사례를 요약하여 소개한다. 멘토는 모 시청의 과장으로 멘티(mentee:멘토에게서 상담이나 조언을 받는 사람)의 대학교 선배이다. 같은 대학 선배라는 것을 알고 찾아간 것이 아니라 서로 만나서 이 사실을 알게 된 것이다.

다음은 멘토에게 상담한 내용이다.

멘티 : 선배님, 지금까지 살아오면서 발견하신 것이나 크게 공감하신 '인생의 법칙'이 무엇인지 말씀해 주십시오. 인생에서 가장 가치가 있는 일이 무엇이라고 생각하십니까?

멘토 : 뿌린 대로 거둔다는 말을 먼저 하고 싶어. 인생에는 공짜가 없지. 베풀지 않으면서 받기만을 바라는 사람들은 뿌리 없는 나뭇가지와 같다고 할 수 있어. 세상은 메아리라고 생각한다. 내가 무슨 소리를 내고, 내가 상대방에게 어떻게 베풀었느냐에 따라 아름답게 혹은 불쾌하게 들려오는 메아리! 내가 던진 만큼 갔다가 돌아오는 부메랑이라고도

할 수 있지! 큰 이변이 없는 한 반드시 우리가 뿌린 대로 돌아온다.

멘티 : 한 분야에 전문가가 되기 위해서는 어떤 각오와 훈련이 필요하다고 생각하십니까?

멘토 : 자기만의 목표가 있어야 해. 그리고 전문가가 되기 위해서는 지식, 교육과정, 공부, 학문, 또 리더가 되기 위한 과정이 필요하지. 특히 여성에게는 학문, 자기노력, 자기계발, 구체적인 교육훈련이 합쳐져야 한다.

멘티 : 저의 교수님께서도 목표 설정이 아주 중요하다고 말씀하셨습니다.

멘토 : 그래 옳아! 호랑이를 그리기 위한 목표가 있어야지 고양이라도 그릴 수 있어.

멘티 : 직장 내에서 인간관계를 잘 맺기 위해서 취해야 할 구체적인 방법은 무엇입니까?

멘토 : 사람에게는 장점, 단점이 모두 있다. 사람을 볼 때 단점보다 장점을 보고 구체적으로 칭찬해 주는 것이 중요해. 그리고 밥을 사주는 것이 빨리 친해지는 방법이야. 커피나 티타임을 갖는 것도 좋아. 그리고 일보다는 사람이 먼저 되어야 한다. 인격이 먼저이고 다음이 일이야.

멘티 : 행복한 삶을 살기 위해서 갖추어야 할 필수요소는

무엇이라고 생각하십니까?

멘토 : 가족이 있어야 하며 결혼을 하더라도 자기 일을 갖는 것이 좋아. 그리고 좋은 취미를 한 가지 이상 가지는 것이 유익하지. 좋은 친구 5명 정도가 있는 것도 행복의 필수 요소라고 생각해.

이상에 대해서 멘티는 이렇게 평가를 하였다.

"워낙 바쁜 분이라 만날 시간을 잡기가 어려웠었다. 다행히 편안한 분위기에서 이 면담이 이루어졌다. 이 면담을 통해 다시 한 번 인생을 돌아보게 되었으며 이 과제를 수행하면서 교수님의 의도를 알게 되었고 아주 유익한 시간이었다. 멘토에게 앞으로도 자신의 이야기를 들어줄 수 있느냐고 하니 쾌히 승낙해 주어서 너무 감사했다."

9. 기쁘게 인생을 운영하라

인생은 만만하지 않다. 노자는 천지불인(天地不仁)이라고 했다. 인생살이도 불인(不仁)이라고 할 수 있다. 인생이 냉혹하다는 사실을 인생의 초기부터 알고 잘 준비한다면 닥치는 모든 상황을 능히 다스릴 수 있다.

법도, 시간도, 돈도, 인심도, 기계도 냉정한 것이다. 그러나 이런 것들을 다스리는 방법을 익히면 이런 냉정한 것들이 오히려 우리를 보호하고 유익을 베푼다.

당신이 지금까지 인생을 잘 운영해 왔다 할지라도 앞으로도 그럴 것이라는 보장은 없다. 늘 용의주도하게 인생을 운영하여 유종의 미를 거두어야 한다.

● 인생 운전을 잘하라

지난 1월에 친지 몇 명과 중국 심양에 갔다. 귀국하는 날 미니버스를 타고 심양공항으로 가는데 눈이 많이 쌓여서 그랬는지 중국인 운전사가 그만 길을 잃고 40분 동안 헤매는 것이었다. 우리는 불안하기 짝이 없었다.

안내자가 이래서는 안 되겠다고 판단하고 그 차를 정차시키고 택시를 불러 자기가 타고 그 미니버스 운전사가 따라오도록 했다. 그 택시는 우리를 고속도로 진입로까지 안내했다. 공항에 도착하니 탑승시각이 얼마 남지 않았다.

이 경험은 하나의 교훈을 주었다. 항상 올바른 길로 가야 하며, 만약 길을 잃으면 다른 것은 다 제쳐놓고 바른 길을 찾아야 한다는 것이다. 잘못된 인생길에 들어선 사람은 방황할 수밖에 없다. 무엇보다도 먼저 올바른 길을 찾아야 한다. 즉, 자신의 올바른 꿈과 목표를 찾아야 한다.

인생 운영을 자동차 운행과 비교해서 생각해 보자. 자동차는 참 편리한 도구다. 그러나 안전운행을 할 때만 그렇다고 할 수 있다. 만약 잘못 운전을 해서 사고를 일으킨다면 자동차는 무시무시한 흉기가 된다. 인생 운영도 세심하게 해야 한다. 인생을 잘못 운행하면 파탄하기 쉽다. 건물이나 인생이나 건설하기는 어렵고 파괴하기는 쉽다.

미숙한 인생 운행에서 빨리 탈피해야 한다. 시행착오를 단절시켜라. 서투르게 인생을 운전하는 사람이 많은데 이들은 빨리 깨닫고 올바로 운전하는 법을 배워야 한다.

난폭한 인생 운행을 하지 말아야 한다. 좀더 빨리 가려고 차선도 신호도 무시하고 난폭하게 운전한다면 사고 날 가능성이 매우 높다. 목표를 달성하기 위해 수단과 방법을 가리지 않는다면 후유증으로 고생하게 될 것이다.

인생도 게임과 같다. 게임을 할 때는 법칙을 지켜야 한다. 우리 인생을 살아갈 때 법칙을 지키지 않고 제멋대로 행동한다면 남에게도 자신에게도 결코 이롭지 않다. 모든 것은 법도와 순리가 있는 법이다. 철저하게 자기 자신의 감정과 생각을 다스리고 원칙을 지켜라.

인생을 음주 운행을 하지 말아야 한다. 음주 운행을 하는 사람은 정신이 나간 사람이다. 온전한 정신으로도 운전하기 어려운데 음주를 하고 운전하다니! 똥배짱도 이만저만 아니다. 인생도 깨어있는 정신을 가지고 운행해야 한다. 늘 정신 차리고 행동하면 인생에서 탈선하는 일이 없다.

인생을 역주행하지 말아야 한다. 자기가 가야 할 방향과 정반대로 가면 어찌되겠는가. 다른 차와 정면충돌해서 대형사고가 날 것이다. 운전자가 도로표시판을 잘 보아야 하듯 인생 운행도 늘 가야 할 곳을 주의 깊게 바라보아야 한다.

그런데 자동차가 제대로 작동하지 않는다면 어떻게 해야

할까. 고속도로에서 갑자기 차가 고장 난다면 매우 당혹스러울 것이다. 평소에 정비를 잘 해서 고장이 나지 않도록 하는 것이 최상의 방법이다. 인생도 마찬가지다. 평소에 차근차근 준비하는 것이 환난을 예방하는 최선의 길이다. 유비무환이라고 하지 않던가.

자동차가 고장이 났을 경우 고장의 원인을 찾아서 수리를 해야 하듯이 병에 걸렸다면 의사로부터 올바른 진단을 받고 적절한 치료를 받아야 건강을 회복할 수 있다. 인생도 마찬가지다. 실패의 원인을 분명히 알아내야 또다시 실패하지 않게 된다.

젊을 때는 자신의 증상을 잘 알아차리지 못한다. 그리고 대부분의 사람들은 자신의 실패를 공개하는 것을 꺼려한다. 이것은 자신을 숨기는 일이다. 실패를 솔직히 인정하고 앞으로 어떤 조치를 취해야 할 것인지를 연구해야 희망이 있고 발전이 있다.

● 인생의 시절마다 우선순위를 올바로 정하라

당신이 나이가 들어 자신의 인생을 되돌아보며 반성하고

결론을 내린다면 어떤 말을 하겠는가. 인생을 다시 살게 되어도 지금과 똑같은 일을 하겠다고 말하는 사람이 있다. 이런 사람은 대단히 성실한 사람이거나, 깊이 생각하지 않는 사람이거나, 기억력이 좋지 않은 사람일 것이다. 우선순위는 인생의 절기를 지나면서 변하기 마련이다. 그래서 시시때때로 조정해야 한다.

유아 시절에는 부모의 슬하에서 사랑을 받고 즐겁게 놀고 삶의 기본이 되는 몇 가지를 배우는 것이 높은 우선순위이다. 청소년 시절에는 공부와 운동, 기본 인격을 함양하는 것이 높은 우선순위이다. 그리고 청년 시절에는 직업, 결혼하여 가정을 이룸, 자녀양육, 자아실현이 높은 우선순위이다. 장년 시절은 자녀교육과 사회적 지위 확보, 재정 확보, 노후 준비가 높은 우선순위이다. 노년 시절은 건강 유지와 의미 있는 삶을 위한 프로그램, 그리고 인생을 정리하는 것이 우선순위이다.

그런데 바다에서 거친 풍랑을 만나듯 인생에서 예기치 않은 커다란 어려움을 겪을 때가 있다. 그런 경우일지라도 우선순위를 바로 세우면 해결책이 보인다. 인생 전체를 통틀어 우선순위가 항상 높은 것은 건강과 자기계발이다. 그러므로 늘 육체와 정신의 건강을 유지하고 지식과 인격을 향상시키는 데 노력을 많이 해야 한다.

요즘은 과거보다 퇴직 연령이 짧아졌다. 50대에 퇴직을 하니 앞으로 어떻게 살아야 할지 막막하다는 사람이 많다. 젊어서부터 전문가로 활동해 온 사람의 경우는 "한 우물을 파라"는 말이 설득력 있게 들리지만 많은 사람들은 경우에 따라 우선순위를 바꾸어야 한다.

그런데 무엇을 시작하든 사전 준비를 철저히 한 다음 기초부터 다져야 한다. 늦게 시작했어도 성공한 사람이 많다. 언제 어떤 경우든지 "내가 무엇을 해야 하나?"라는 우선순위에 관한 질문을 하는 것이 슬기롭다.

● **목표관리는 재미있다**

개인 목표관리의 모형은 '목표 설정 – 계획 – 실행 – 평가'이다. 목표지향적인 사람은 이 모형을 반복한다. 이런 과정을 순리적으로 하면 재미와 보람을 느낀다.

모 월간잡지에서 이런 글을 읽었다.

"목표를 달성하면 행복해져야 마땅하다. 그런데 왜 숱한 사람이 10억을 벌고도 우울하고 불행한 삶을 사는가. 원하는 대학에 들어가고도 답답한 나날을 보내는가. 정작 행복을 누리기 위한 설계를 하지 않았기 때문인지도 모른다. 휴식이 재생산임을 모르고 일만 하며 목표 달성을 위해 달려온 사람들, 성공하는 과정 자체가 중요하다는 사실은 깨달았으면서도 성공의 열매를 맛있게 먹는 과정과 방법을 터득하기 위해 따로 계획을 세우고 실천하는 미덕은 모르는 듯싶다. 그래서 수많은 사람이 마라톤을 끝낸 다음처럼, 목표를 이룬 뒤에는 더 이상 갈 곳이 없음을 뒤늦게 깨닫는다."

이 글에 대해 나 나름대로의 의견을 말하고자 한다. 가치 있는 목표를 세우고 그것을 달성하면 반드시 행복을 느낀다. 목표 달성을 하고도 행복을 못 느끼면 목표 자체에 문제가 있는 것이다.

또 알아야 할 것은 목표 달성이 끝이 아니라는 것이다. "이것만 달성하면 행복할 것이다" 혹은 "이것만 얻으면 더 이상 소원이 없을 것이다"라고 말하지만 그것을 달성한 후에 기쁨은 잠시뿐이고 허탈감을 느낀다. 왜 그럴까? 사람은 끊임없이 목표를 지향해서 나가도록 지음을 받은 존재이기 때문이다.

유명한 학자 피터 드러커에게 어떤 기자가 "지금까지 쓰신 책 중에서 가장 뛰어난 책이 무엇입니까?"라고 묻자 그는

"앞으로 쓸 책이네"라고 대답했다고 한다. 인생은 한 가지 목표를 세우고 그것을 달성하고 성취감을 잠시 즐기고, 또 다른 목표를 세우고 그것을 달성하고 성취감을 즐기는 나선형과 같은 형태가 가장 바람직하다.

노벨상을 받은 사람들은 '노벨상 수상'이 일생의 최상의 목표였으므로 더 이상의 노력을 못한다고 한다. 노벨상을 받았을지라도 그것에 만족해서는 안 된다. 우주선을 타고 달에 갔다 온 사람 중에 우울증으로 시달리는 사람이 많다고 한다. 그 사람들은 달에 갔다 오는 것이 최상의 목표였기 때문에 더 이상의 목표가 없었다. 하지만 그들은 그 후에 더 큰 목표를 세웠어야 했다.

나에게는 비교적 다양하고 많은 일이 주어진다. 어떤 새로운 일이 주어지면 목표를 세우고 주의 집중하여 완성한다. 그러면 성취감이 생긴다. 그러면 즐기고 휴식을 취한다. 곧 새로운 일을 계획하고 실천한다. 이런 일을 계속 반복한다. 그래서 적당한 긴장감을 갖고 삶을 즐긴다.

이 책의 집필을 마친 다음에 곧 새로운 책의 집필에 착수해야 한다. 나는 목표관리야말로 쏠쏠하게 재미를 주는 시스템이라고 확신한다. 다만 목표를 탁월하게 달성했을 경우에만 그렇다고 말할 수 있다. "가장 좋은 것은 아직 오지 않았다"는 브라우닝의 시 구절에 전적으로 동감한다.

● 목표가 이끄는 삶을 살아라

성공해야 기쁜 것이 아니고 기뻐야 성공한다. 주변을 둘러보면 성실하게 살지만 재미없게 사는 사람이 많다. 기쁨은 인생의 꽃이다.

아무리 최선을 다해 살아도 돌아보면 고쳐 살아야 할 것이 많고 후회스러운 일도 많다. 그러나 앞으로의 유일한 대책은 과거와는 다르게 사는 것이다. 이렇게 하기 위해서 새로운 목표를 세우고 철저한 계획을 만들며 차근차근 실천해 나가야 한다. 즉, 삶의 패러다임을 목표지향적으로 바꾸어야 한다.

살아가면서 큰 기쁨과 작은 기쁨을 많이 맛본다. 큰 기쁨은 대개 많은 노력을 쏟아야 얻을 수 있고 그런 기회도 별로 많지 않다. 그러나 작은 기쁨은 매일의 삶 속에서 얼마든지 찾을 수 있고, 만들 수도, 즐길 수도 있다. 비록 작은 일이라도 목표를 세우고 알차게 달성하라. 그것이 삶의 기쁨을 창조해 줄 것이다.

또한 기분을 잘 다스려야 행복하게 살 수 있다. 감정의 기복이 심한 사람, 기분파 인생은 결코 행복하게 살 수 없다. 계획을 잘 세워서 실천하는 사람이 훨씬 행복하게 산다.

거룩한 목표를 세우고 그것을 추구하면서 살아가라. 그 목표가 인생을 가치 있고 의미 있게 만들어주고 성공으로 이끌어준다.

참고문헌

- 데이비드 몰든 · 데니스 파커 저, 이범수 역, 〈목표달성의 기술〉, 책으로 만나는 세상, 2003
- 리처드 모리타 · 켄 셀턴 저, 장미화 역, 〈My Goal, 마이 골〉, 리드북, 2003
- 릭 워렌 저, 〈목적이 이끄는 삶〉, 디모데, 2003
- 스티븐 M. 샤피로 저, 마도경 역, 〈31% 인간형〉, 영진닷컴, 2006
- 아사에 스에미츠 저, 정경진 역, 〈IT시대의 과제달성형 목표관리〉, 오즈컨설팅, 2006
- 아일린 샤피로 · 하워드 스티븐슨 저, 안진환 역, 〈예측지능〉, 북플래너, 2006
- 제임스 알렌 저, 안희탁 역, 〈원인과 결과의 법칙 1〉, 지식여행, 2007
- C.L.휴즈, 〈목표설정〉, 한국생산성본부, 1971
- 유성은, 〈목표관리와 삶의 혁신〉, 생활지혜사, 1996
- 유성은, 〈시간관리와 자아실현 2〉, 생활지혜사, 2002
- 유성은, 〈프로인생 VS 아마추어인생〉, 평단문화사, 2001
- 유성은, 〈20퍼센트의 변화로 80퍼센트의 미래 바꾸기〉, 좋은 생각, 2000
- 유성은, 〈미래설계와 목표관리〉, 생활지혜사, 1999

중앙경제평론사
중앙생활사

Joongang Economy Publishing Co./Joongang Life Publishing Co.

중앙경제평론사는 오늘보다 나은 내일을 창조한다는 신념 아래 설립된 경제·경영서 전문 출판사로서 성공을 꿈꾸는 직장인, 경영인에게 전문지식과 자기계발의 지혜를 주는 책을 발간하고 있습니다.

명품인생을 창조하는 목표관리와 자아실현

초판 1쇄 발행 | 2007년 6월 8일
초판 3쇄 발행 | 2010년 5월 25일

지은이 | 유성은(Seongeun Yu)
펴낸이 | 최점옥(Jeomog Choi)
펴낸곳 | 중앙경제평론사(Joongang Economy Publishing Co.)

대   표 | 김용주
편   집 | 한옥수·최진호
기   획 | 정두철
디자인 | 신경선
마케팅 | 김치성
관   리 | 김영진
인터넷 | 김희승

출력 | 국제피알   종이 | 한솔PNS   인쇄·제본 | 태성문화사

잘못된 책은 바꾸어 드립니다.
가격은 표지 뒷면에 있습니다.

ISBN 978-89-6054-019-4(04320)
ISBN 978-89-88486-78-8(세트)

등록 | 1991년 4월 10일 제2-1153호
주소 | ⓤ100-789 서울시 중구 왕십리길 160(신당5동 171) 도로교통공단 신관 4층
전화 | (02)2253-4463(代) 팩스 | (02)2253-7988
홈페이지 | www.japub.co.kr 이메일 | japub@naver.com | japub21@empal.com
♣ 중앙경제평론사는 중앙생활사·중앙에듀북스와 자매회사입니다.

Copyright ⓒ 2007 by 유성은
이 책은 중앙경제평론사가 저작권자와의 계약에 따라 발행한 것이므로 본사의 서면 허락 없이는
어떠한 형태나 수단으로도 이 책의 내용을 이용하지 못합니다.

▶ **홈페이지에서 구입하시면 많은 혜택이 있습니다.**

※ 이 도서의 국립중앙도서관 출판시도서목록(CIP)은 e-CIP 홈페이지(www.nl.go.kr/cip.php)에서
   이용하실 수 있습니다.(CIP제어번호: CIP2007001478)